AF291400

THE
DOGS
HUMAN ANIMALS

This book is dedicated to my father and mentor,

Marc Lagrange

With love, Vincent

VINCENT LAGRANGE

THE
DOGS
HUMAN ANIMALS

teNeues

Human Animals

This book is dedicated to dogs, but it was inspired by a very special cat. Vincent Lagrange recalls the day his one-eyed, elderly cat named Dwiezel passed away. He'd been documenting the feline's life for some time, witnessing the animal's resilience after the illness that took her eye. On that day, he decided with certainty how to focus his creative ability in portrait photography—a talent grown and nurtured in the studio of his father and mentor, Marc Lagrange.

Vincent was seven years old when Marc gifted the cat to his son, and the pet became both a beloved muse to the boy and, because it was a cat, a sometimes-challenging subject. Vincent took the lessons to heart, and they served him well over the years as he expanded his view and turned his lens toward others in the animal kingdom, including reptiles, birds, and eventually dogs. It was when the photographer, around age twenty, realized how much there is to love in dogs' individual natures and their noble, expressive faces that he knew he'd found his subject.

Dogs, after all, are truly humans best and oldest friends. Our ancestors' interactions with wild wolves kicked off the animals' bond with our species fifteen thousand to forty thousand years ago, though how exactly the relationship began is uncertain. Perhaps a hunter adopted an orphaned wolf cub, or maybe a hungry wolf hanging around human settlements in search of meat scraps accepted a scratch behind the ears.

Whatever the origin story of our connection, dogs eventually became not just our pets, but our pet projects, as we learned to selectively breed them to tweak their looks and behavior to our liking. Today there are nearly 350 "recognized" breeds and endless mixed-up mutts, each a part of the story of *Canis familiaris*—the domestic dog, our most beloved four-legged companion.

For Vincent, the diversity of dogs is part of their charm. He has photographed more than two hundred individuals since starting this project more than a decade ago, often looking to the streets for subjects for his elaborate portrait sessions. In each case, he says it's like meeting a whole new animal. He'll spend sometimes five or six hours working with a single dog (with plenty of breaks), luring its gaze with sounds and food smells and using gentle lighting to keep the animal at ease. "I am trying to capture a special moment, an emotion in their eyes, a glimpse of their souls," he says. But if his subjects aren't sitting still that day, "I never push them," he says. "The dogs are the bosses and I adjust my workflow to their moods."

Using medium- and large-format cameras, Vincent creates his detailed portraits and then supersizes them: Some are blown up to 2 meters (6.5 feet) tall, "so that the dog dominates the room," he says. "People always get so much attention; I wanted to turn that upside-down and let the dog look down at us." The approach serves the message the photographer wants to convey: "Animals are just as important as we are and deserve our respect."

Plus, the giant artworks show off the purity of character and beauty of the animals in a way that smaller photos can't project. There's a serious, classic-painting quality to the images through the lighting, the dark, hand-painted backdrops, and the upright poses, but there are playful moments, too: In a handful of cases the dogs are costumed—in a robe, a wig, jewelry—"to play on that idea of the *human animal*," Vincent says.

Intelligence and empathy also shine in the animals' faces, notes the photographer, which makes sense: The more scientists investigate dogs' cognitive and emotional capabilities, the clearer it becomes that they are a lot like us in that regard—able to care, to mourn, and even to love.

Vincent continues to photograph all kinds of animals, both domestic and wild, including, of course, cats—his first furry inspirations. But his experiences with dogs keep him coming back to the canine portraits. "Dogs are something special," he says. "They aren't always the easiest to work with, but when I see that expressive face up on the wall, with eyes that seem to soak up the world, I feel enormous pleasure in my work."

Through that work, Vincent aims to bring out "the little human inside each of the dogs." But the world might just be a better place, he says, "if we had a little more dog in each of us."

—Jennifer S. Holland

Menschliche Tiere

Dieses Buch ist Hunden gewidmet, seine Entstehung aber verdankt es einer ganz besonderen Katze: Dwiezel. Vincent Lagrange hatte ihr Leben schon eine ganze Zeit lang in Bildern dokumentiert und auch ihre Gesundung festgehalten, nachdem das Tier durch eine Krankheit ein Auge verloren hatte. An dem Tag, als Dwiezel starb, beschloss er, sich künftig ganz der Porträtfotografie zu verschreiben – das Talent dazu war im Studio seines Vaters und Mentors Marc Lagrange gereift und von diesem gefördert worden.

Vincent war sieben Jahre alt, als sein Vater ihm Dwiezel schenkte. Sie wurde Vincents Muse und stellte sich, wie es sich für eine Katze gehört, als ein bisweilen recht anspruchsvolles Model heraus. Doch Vincent nahm sich ihre Lektionen zu Herzen, und sie kamen ihm zugute, als er seine Kamera auf andere Vertreter der Tierwelt zu richten begann, so auf Reptilien, Vögel – und schließlich Hunde. Mit etwa 20 Jahren erkannte er, wie viel Liebenswertes in ihnen, ihren unverwechselbaren Charakteren und ihren edlen, ausdrucksvollen Gesichtern steckte, und er wusste, dass er sein Thema gefunden hatte.

Denn Hunde sind nun einmal des Menschen bester und ältester Freund. Unsere Interaktion mit ihnen begann vor 15 000 bis 40 000 Jahren, als unsere Vorfahren sich mit Wölfen zusammentaten. Was am Anfang der Beziehung stand, weiß man nicht genau. Vielleicht nahm sich eines Tages ein Jäger eines verwaisten Wolfsjungen an, vielleicht lungerte auch ein hungriger Wolf auf der Suche nach Abfällen in der Nähe einer menschlichen Ansiedlung herum und war dem Kraulen hinter den Ohren nicht abgeneigt.

Was immer das Band begründet haben mag, Hunde wurden schließlich nicht nur unsere Haustiere, sondern unsere Haustierprojekte. Denn wir lernten, sie selektiv zu züchten, um ihr Aussehen und Verhalten nach unserem Gusto zu verändern. Heute gibt es fast 350 anerkannte Rassen und dazu unzählige Promenadenmischungen. Jede ist Teil der Geschichte des Haushunds, *Canis familiaris*, dem wir von allen vierbeinigen Begleitern am meisten zugetan sind.

Vincent sieht den Reiz der Hunde in ihrer Vielfalt. Seit dem Beginn des Projekts vor mehr als zehn Jahren hat er bereits über 200 Individuen fotografiert. Dabei hält er oft auf Straßen Ausschau nach tierischen Models für seine aufwendigen Porträtsitzungen, bei denen er nach eigenem Bekunden jedes Mal einem gänzlich anderen Tier begegnet. Manchmal arbeitet er fünf, sechs Stunden lang mit einem einzigen Hund (allerdings mit reichlich Pausen), lenkt seinen Blick mit Geräuschen und Gerüchen und verwendet gedämpftes

Licht, damit das Tier entspannt bleibt. „Ich versuche einen besonderen Augenblick einzufangen: eine Gefühlsbewegung in ihren Augen aufzuspüren oder einen Blick in ihre Seelen zu erhaschen", erklärt er. Und wenn seine Motive nicht stillsitzen können? „Ich dränge sie nie. Die Hunde sind der Boss. Ich passe meine Arbeitsweise ihren Stimmungen an."

Vincent schießt seine detailreichen Porträts mit Mittel- und Großformatkameras und vergrößert die Bilder anschließend – manche auf bis zu zwei Meter Höhe. „Damit der Hund den Raum dominiert", wie er sagt. „Menschen bekommen immer viel Aufmerksamkeit. Ich aber möchte das umkehren. Der Hund soll auf uns herabblicken." Mit diesem Ansatz unterstreicht der Fotograf seine Botschaft: „Hunde sind so wichtig wie wir und verdienen unseren Respekt."

Die riesigen Werke fangen den reinen Charakter und die Schönheit der Tiere auf eine Art und Weise ein, wie es mit kleineren Formaten nicht möglich wäre. Die Bilder haben durch die Beleuchtung, die dunklen, handgemalten Hintergründe und die aufrechte Pose etwas von klassischen Gemälden. Gleichwohl gibt es auch verspielte Momente: Bei einer Handvoll Sessions waren die Hunde kostümiert – mit Mänteln, einer Perücke, Schmuck. „Ich wollte bewusst mit der Vorstellung eines menschlichen Tieres spielen", so Vincent.

In den Gesichtern der Tiere kommen seiner Ansicht nach Intelligenz und Einfühlungsvermögen zum Ausdruck. Dass Hunde diese Eigenschaften besitzen, ist nicht von der Hand zu weisen: Je mehr sich Wissenschaftler mit den kognitiven und emotionalen Fähigkeiten der Tiere beschäftigen, desto deutlicher wird, dass sie uns in vielerlei Hinsicht ähneln: Sie sind in der Lage, sich um jemanden zu kümmern, zu trauern und sogar zu lieben.

Vincent fotografiert weiter unterschiedlichste Haus- und Wildtiere, darunter natürlich auch Katzen, seine erste vierbeinige Inspiration. Aber durch seine Erfahrungen mit Hunden ist er immer wieder zu Porträts von ihnen zurückgekehrt. „Hunde sind etwas ganz Besonderes", erklärt er. „Die Arbeit mit ihnen ist nicht immer ganz einfach. Aber wenn ich ihr ausdrucksvolles Gesicht an der Wand sehe, ihre Augen, die die Welt in sich aufzusaugen scheinen, dann erfüllt mich meine Arbeit mit einer tiefen Befriedigung."

Vincent versucht mit diesem Werk auch „ein Stück Mensch in jedem Hund" zu zeigen. Die Welt, so der Künstler, wäre eine bessere, „wenn in jedem von uns ein bisschen mehr Hund stecken würde".

Jennifer S. Holland

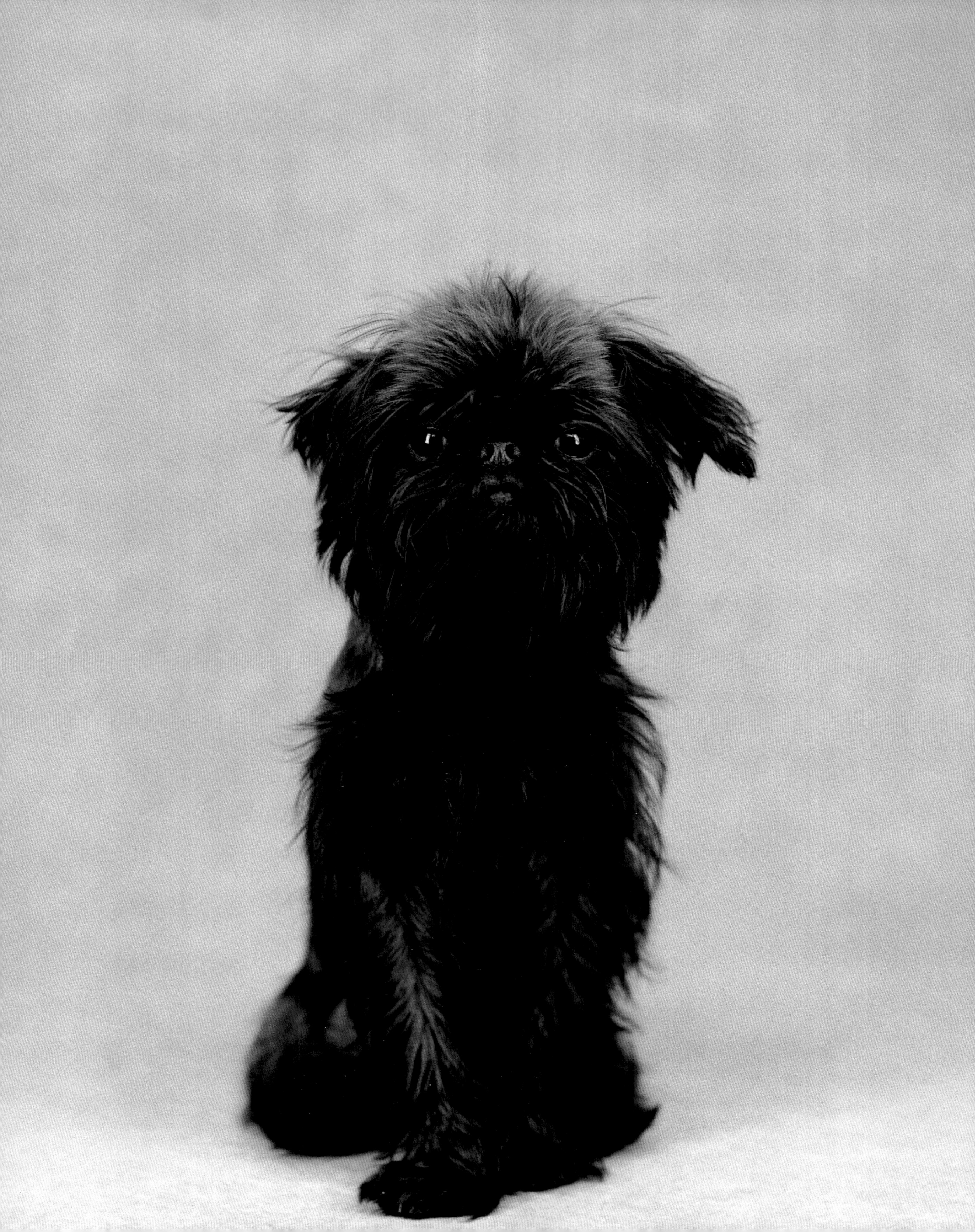

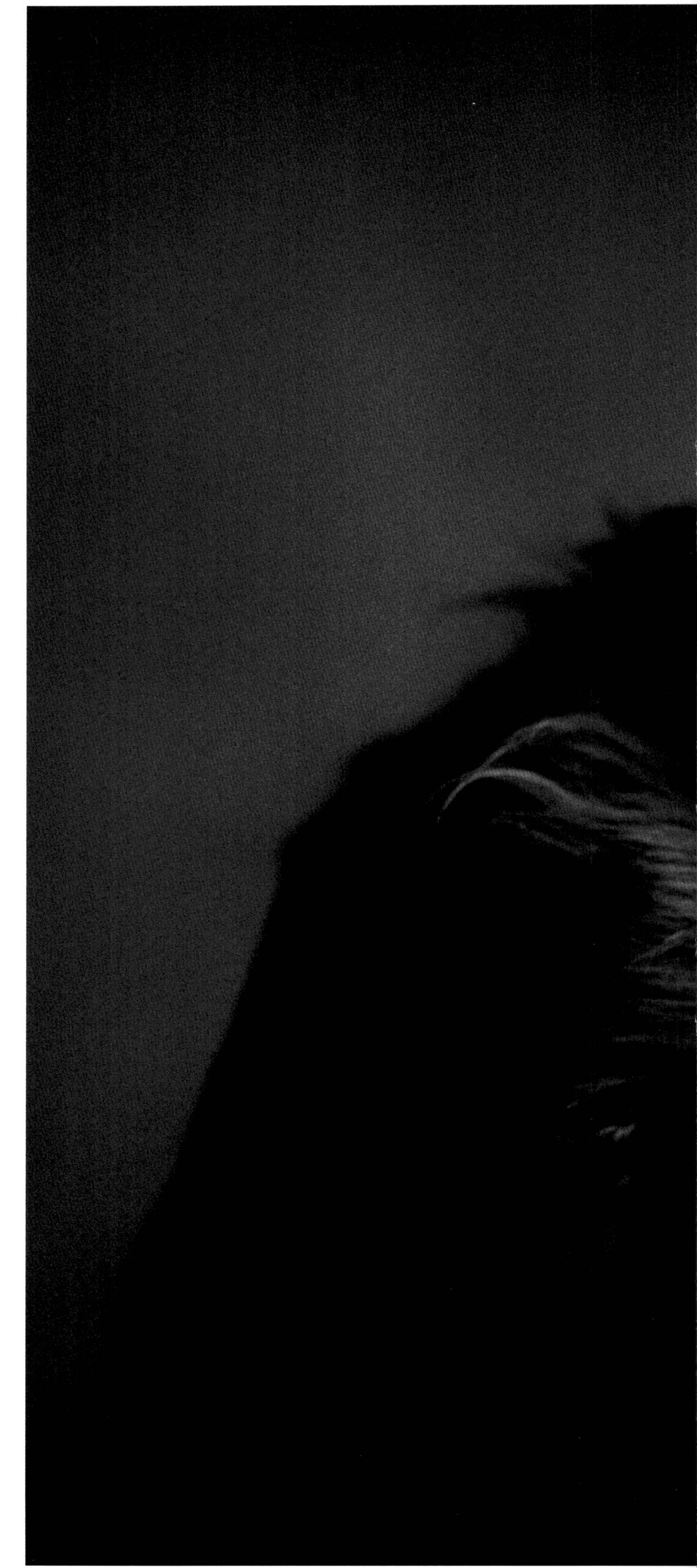

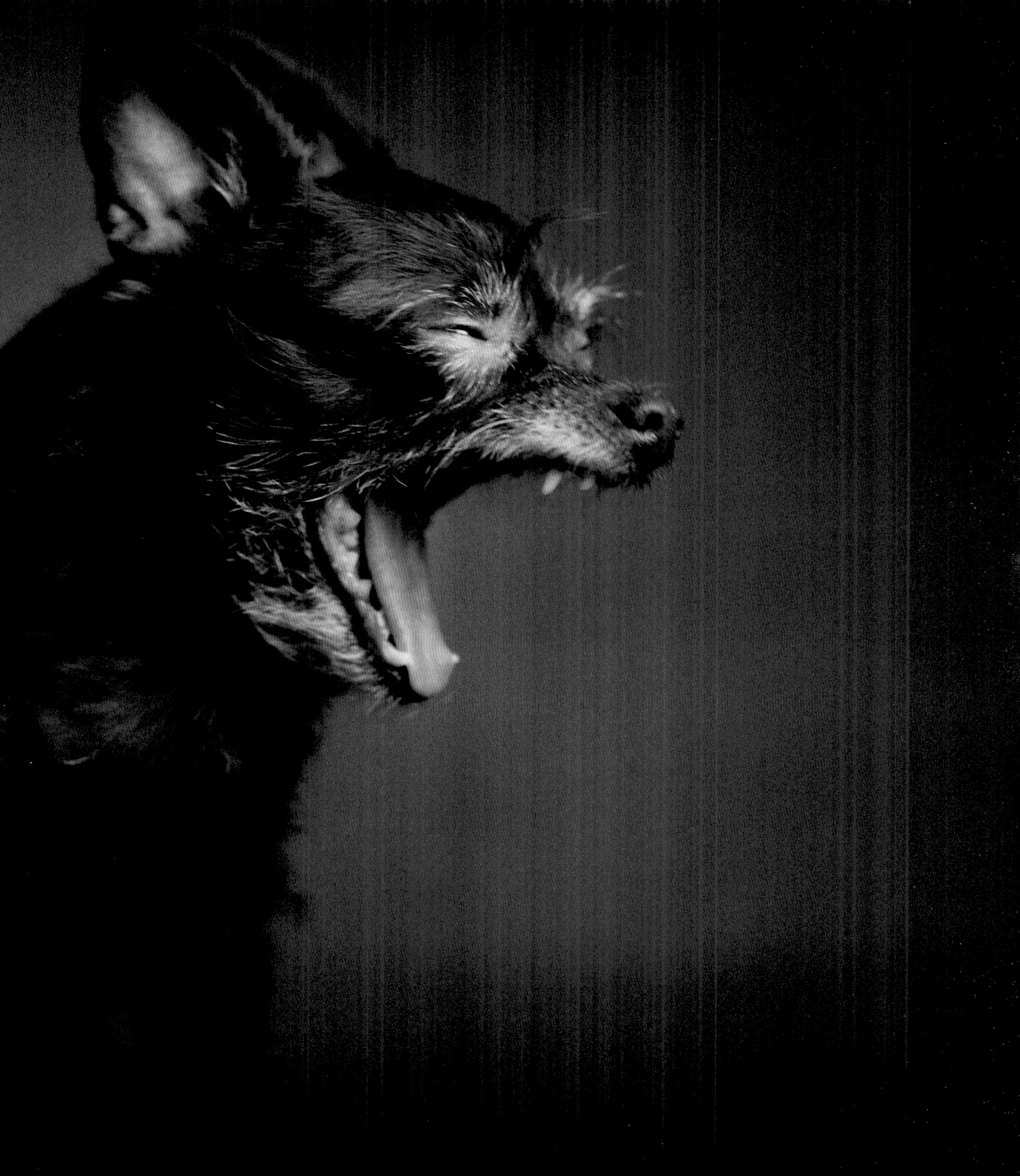

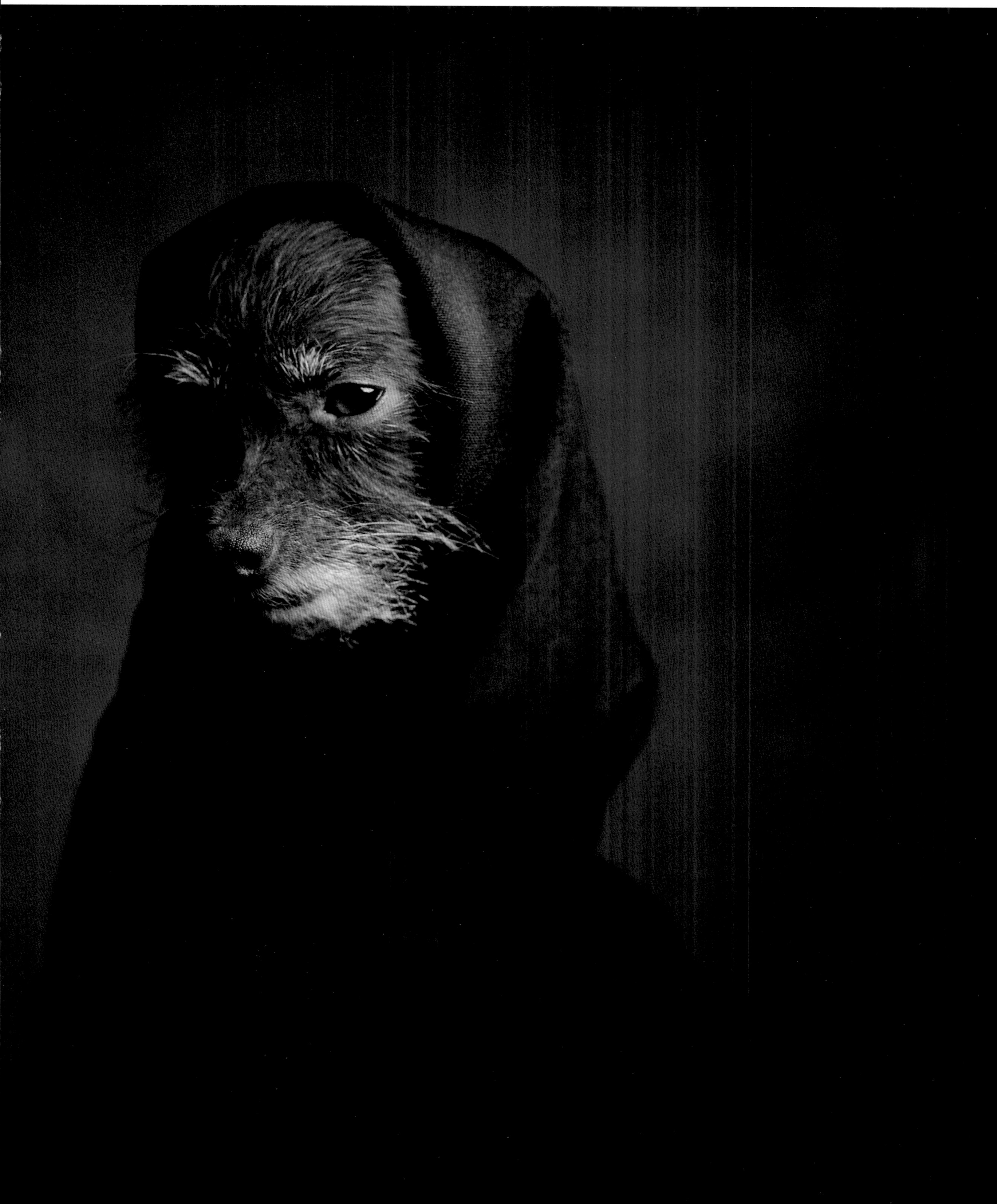

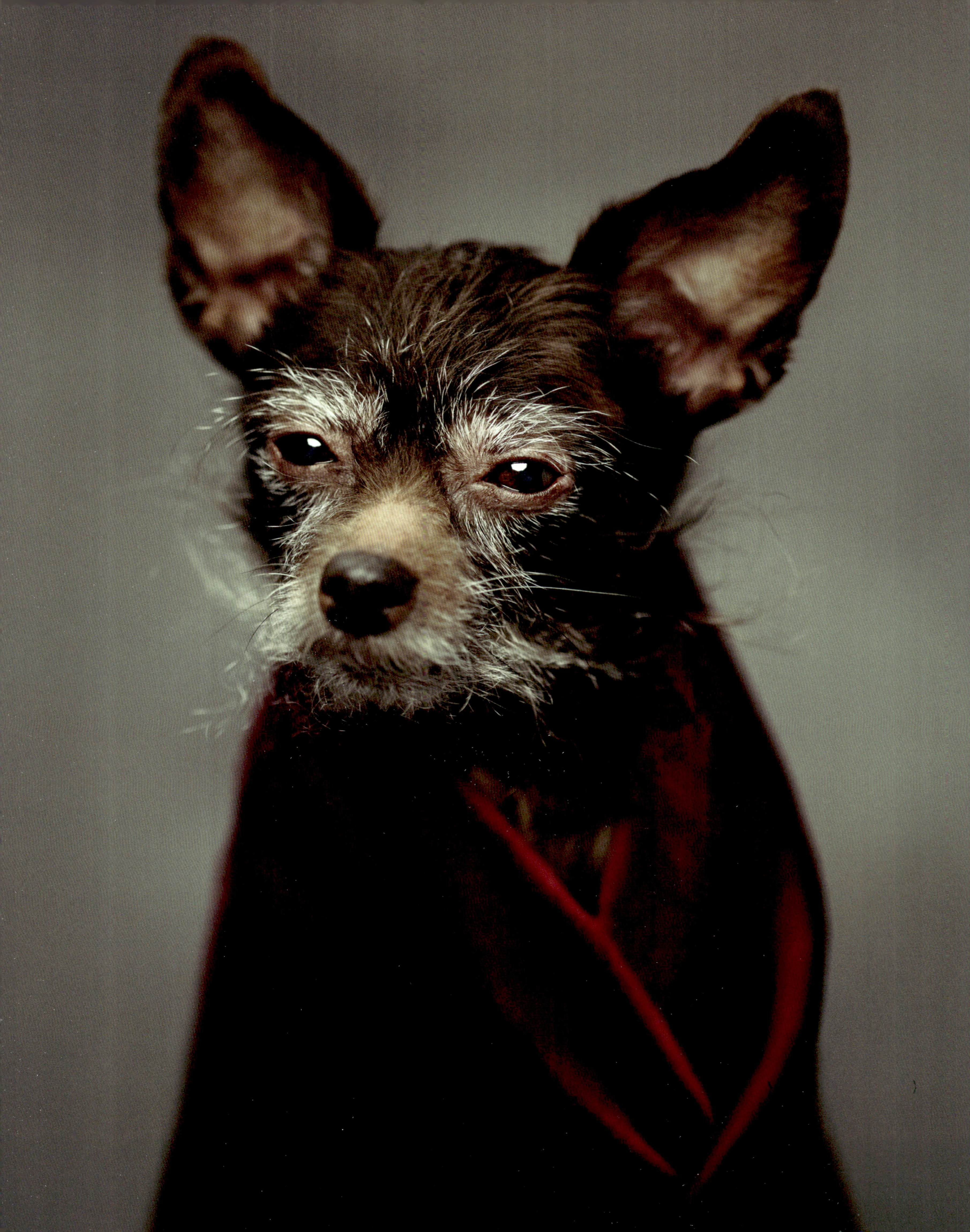

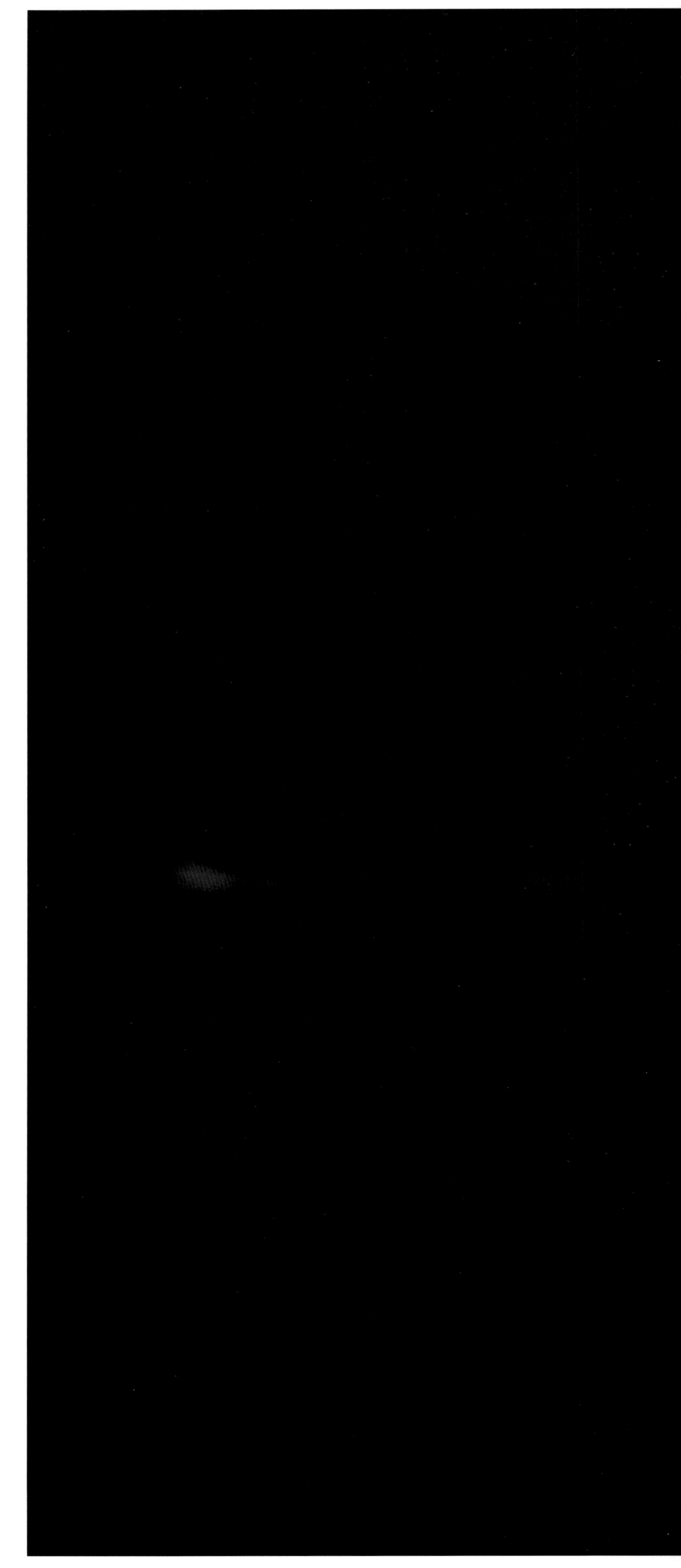

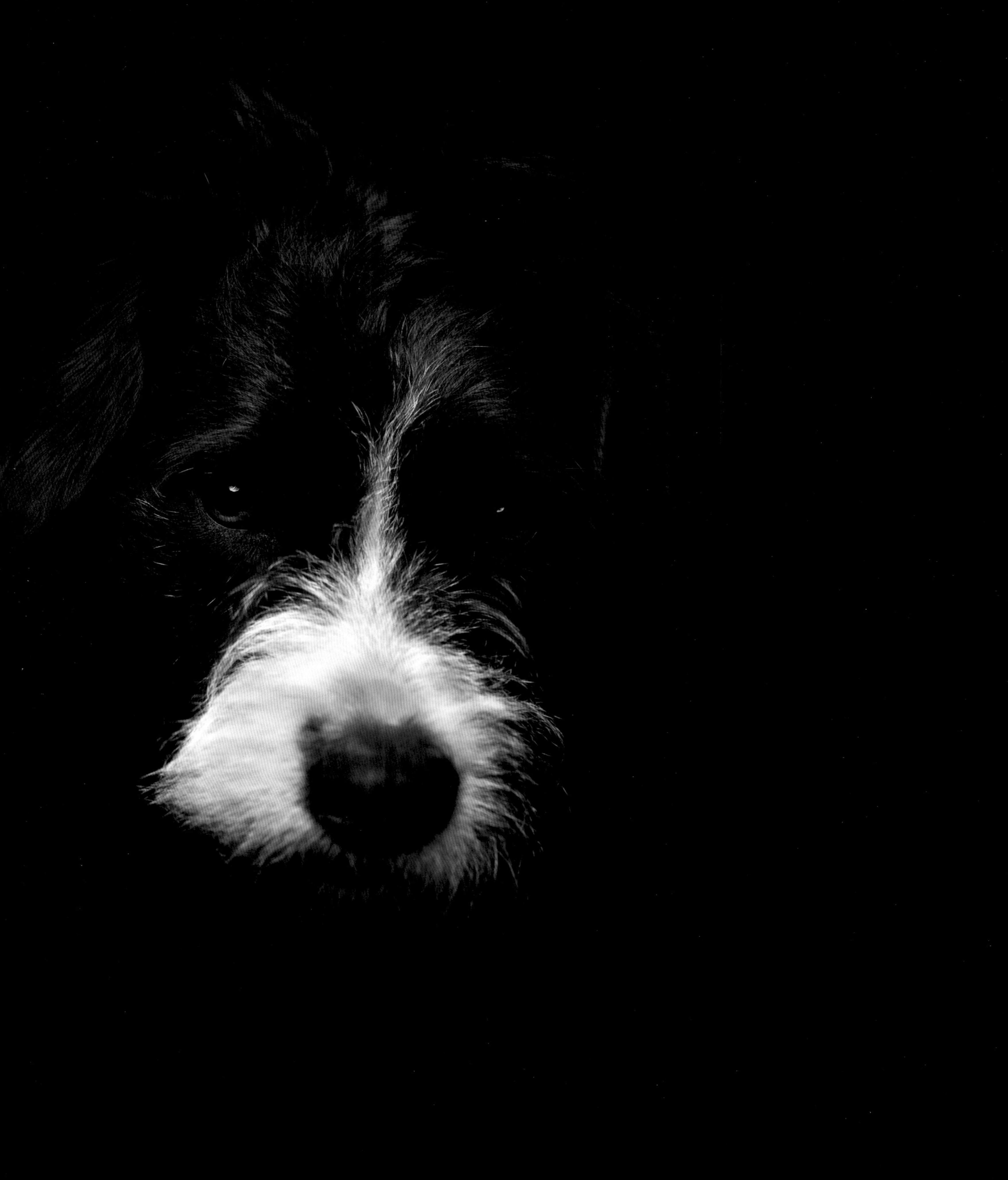

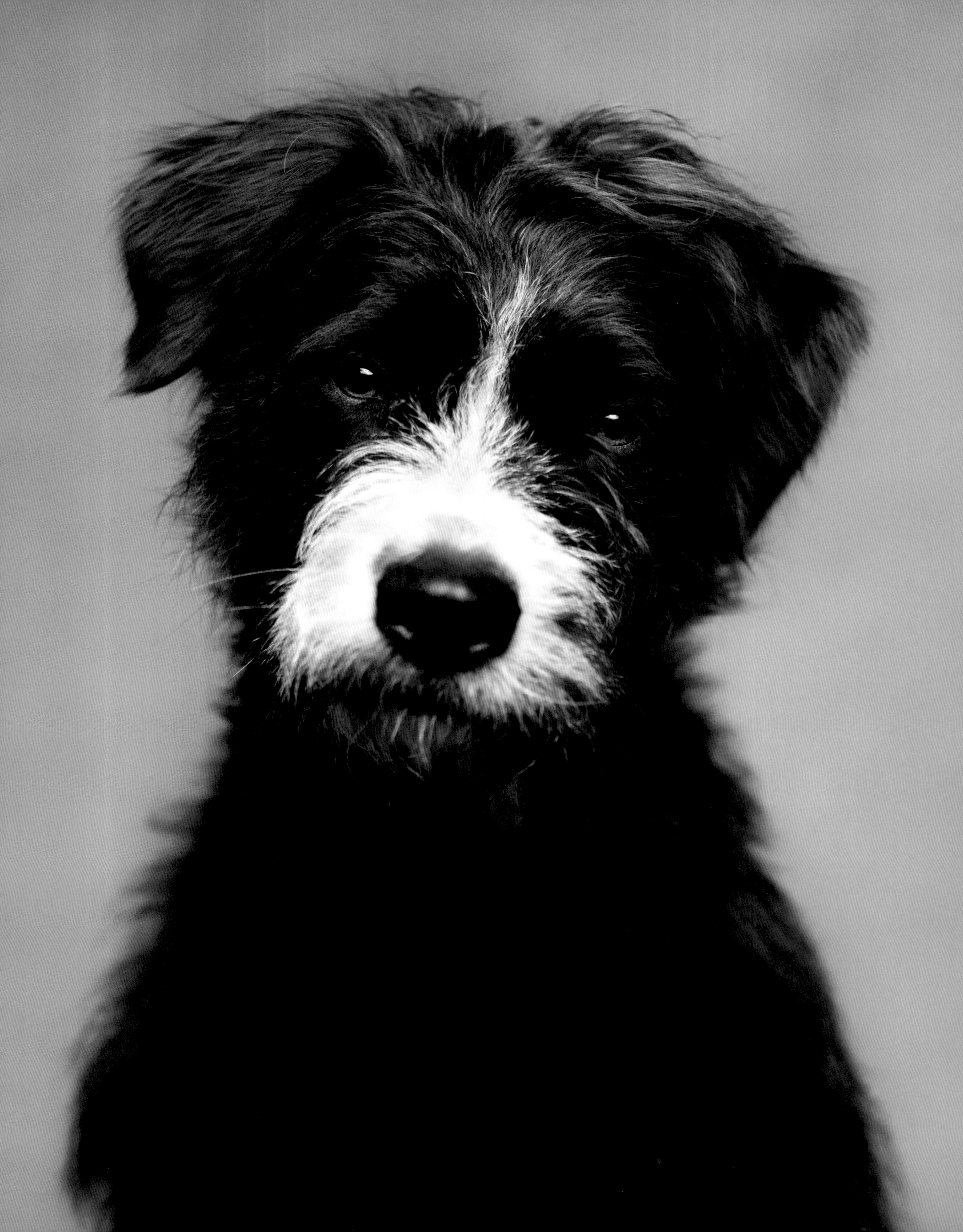

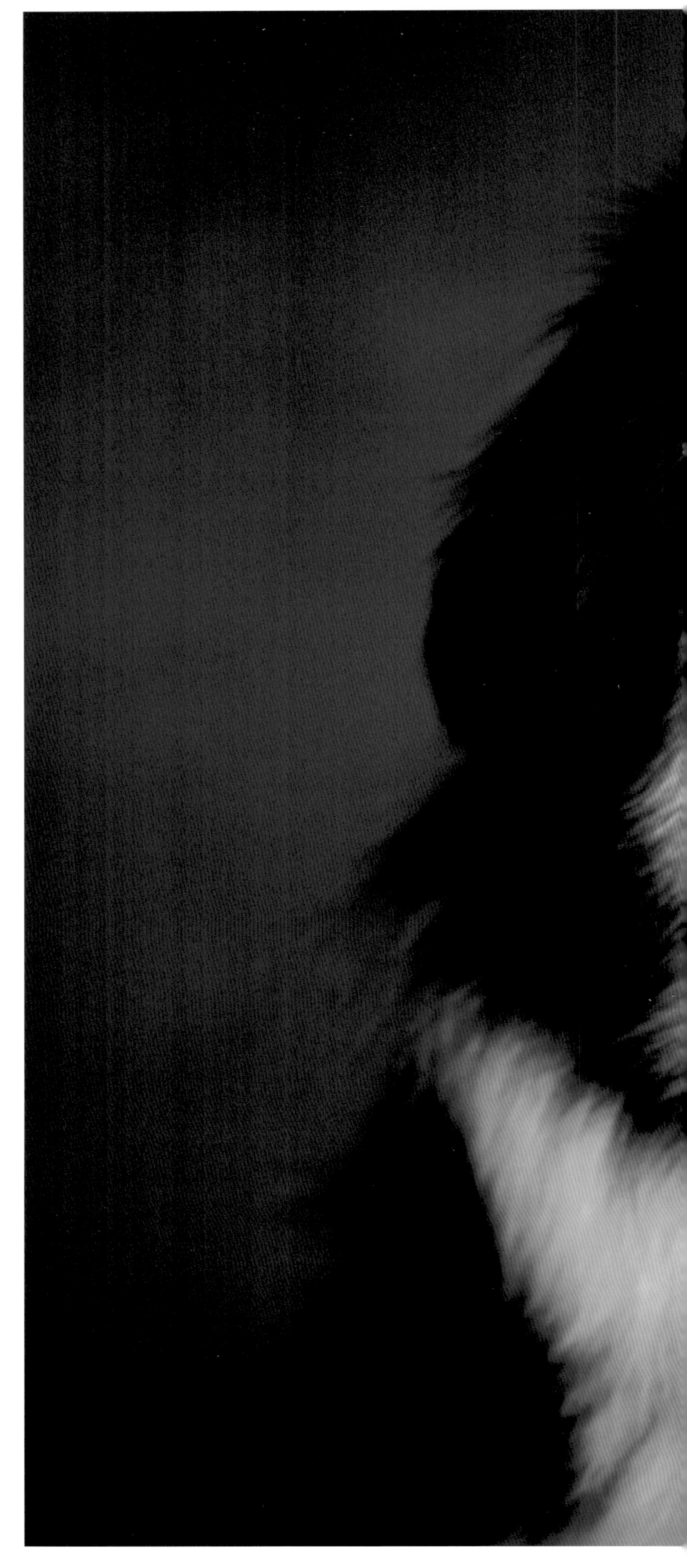

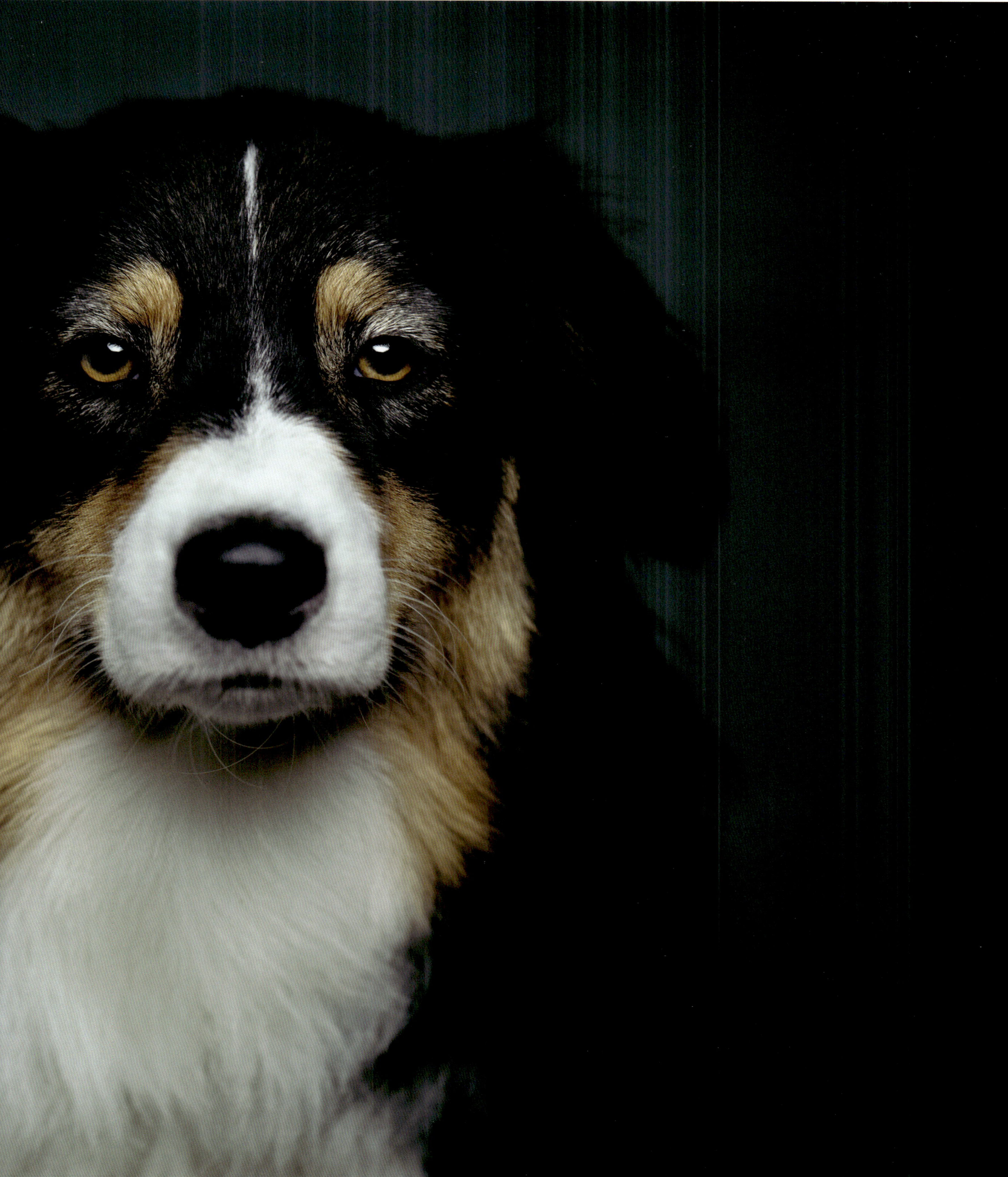

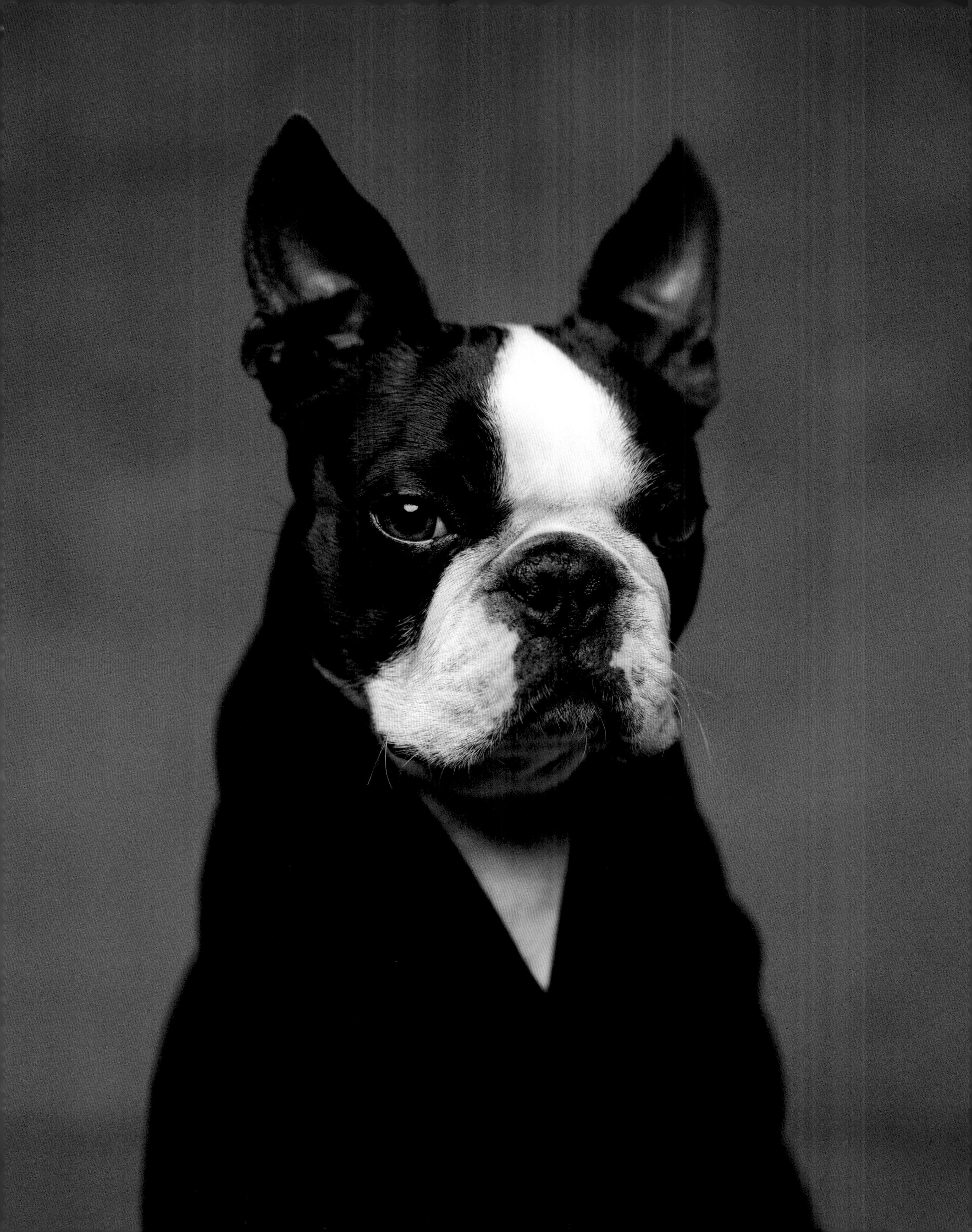

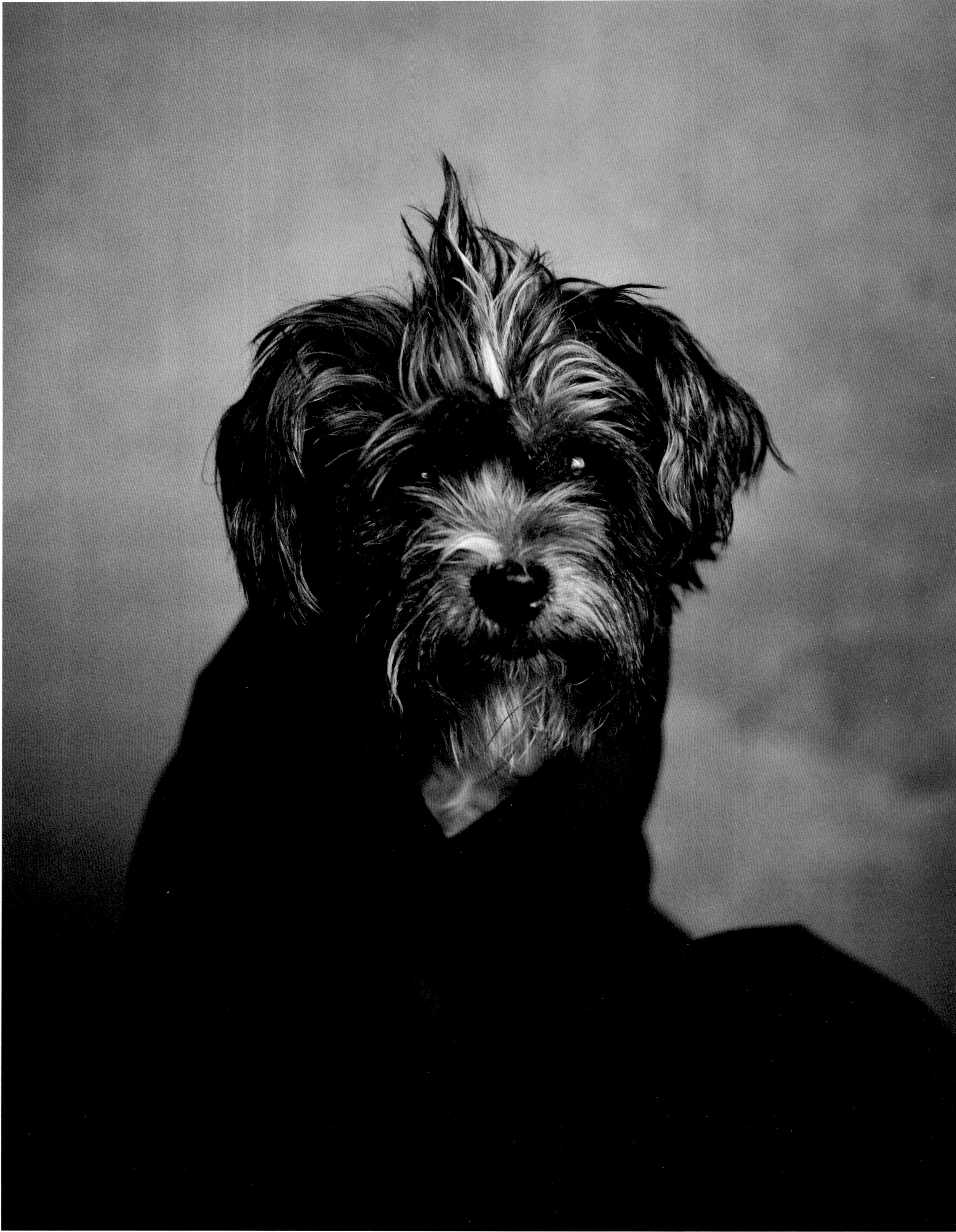

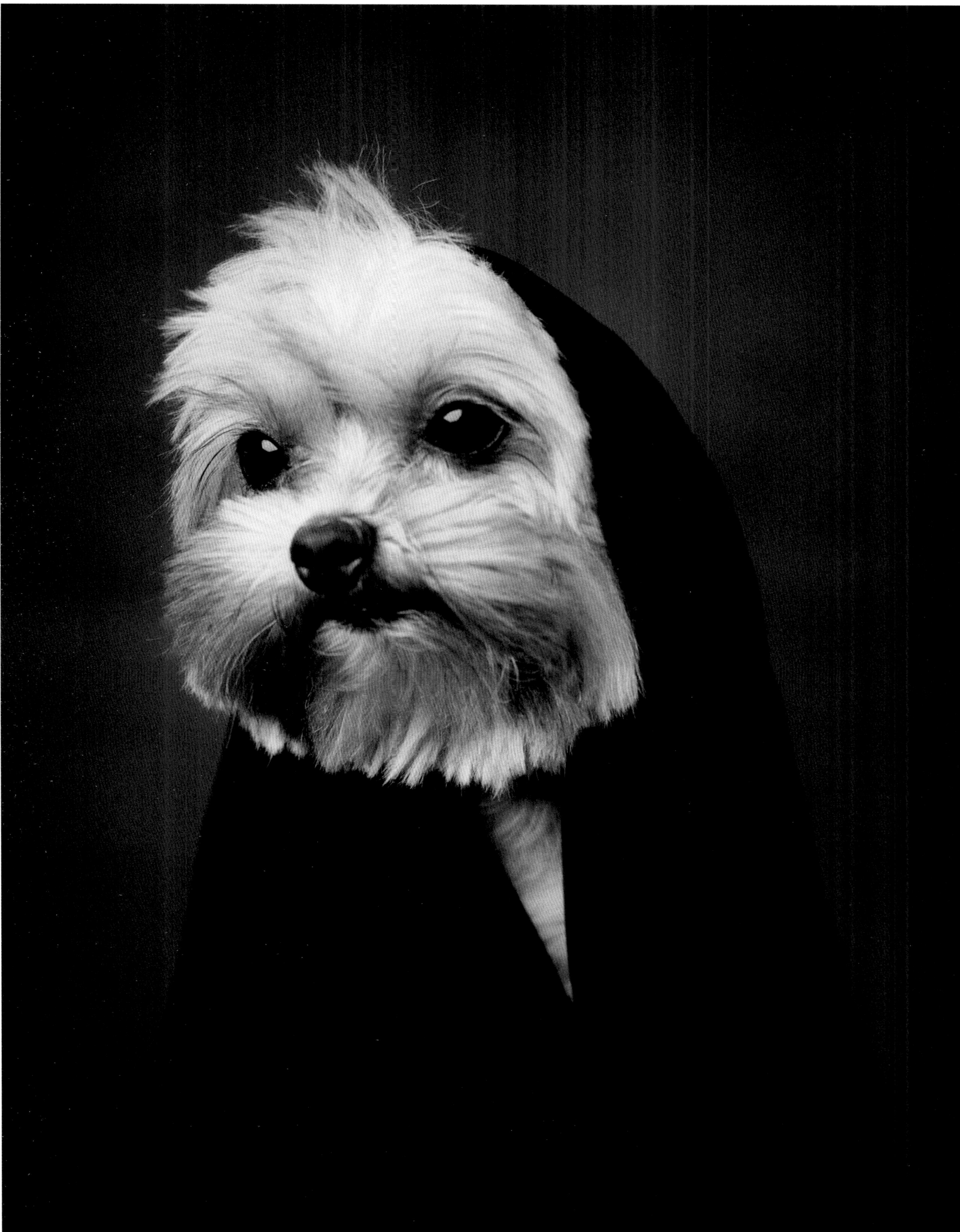

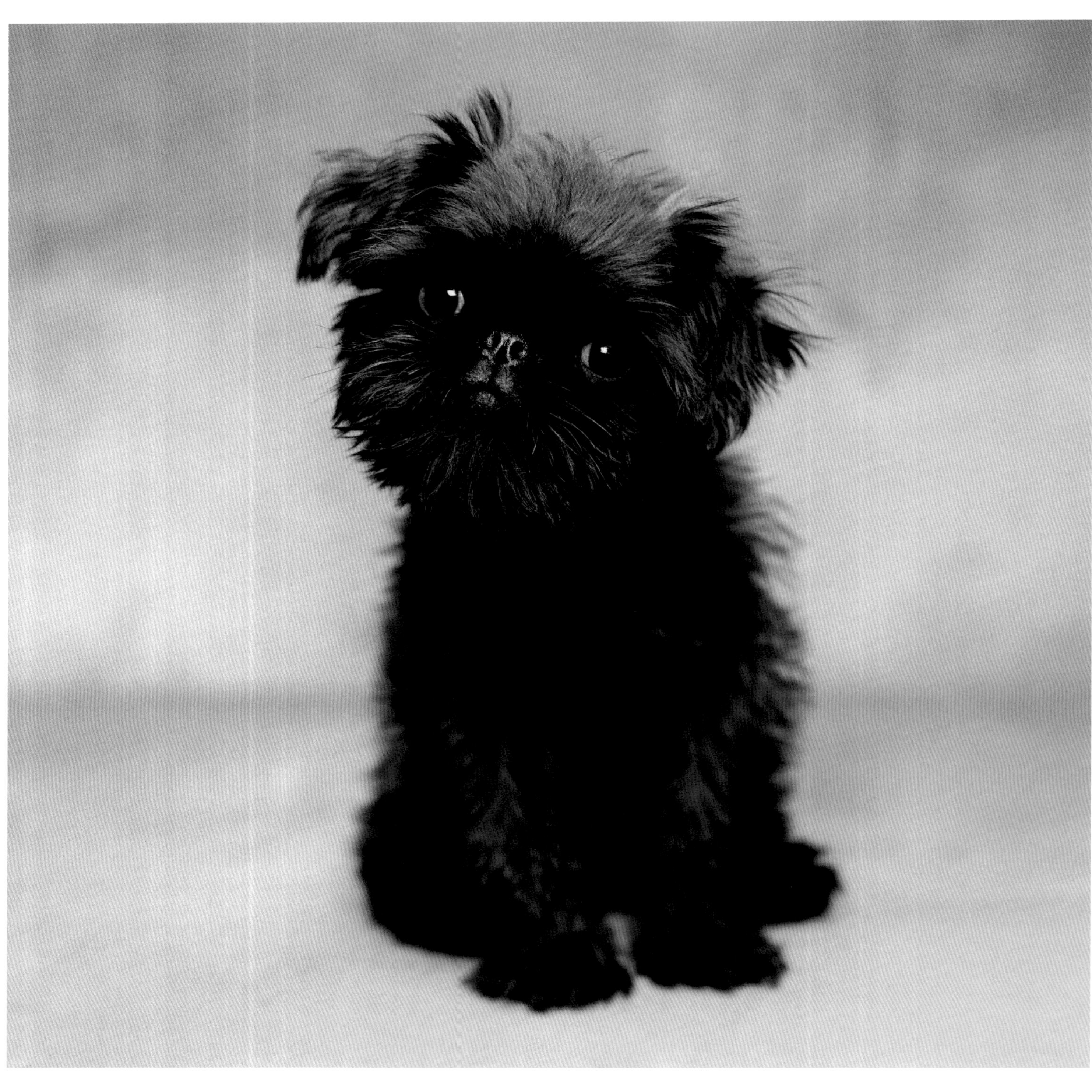

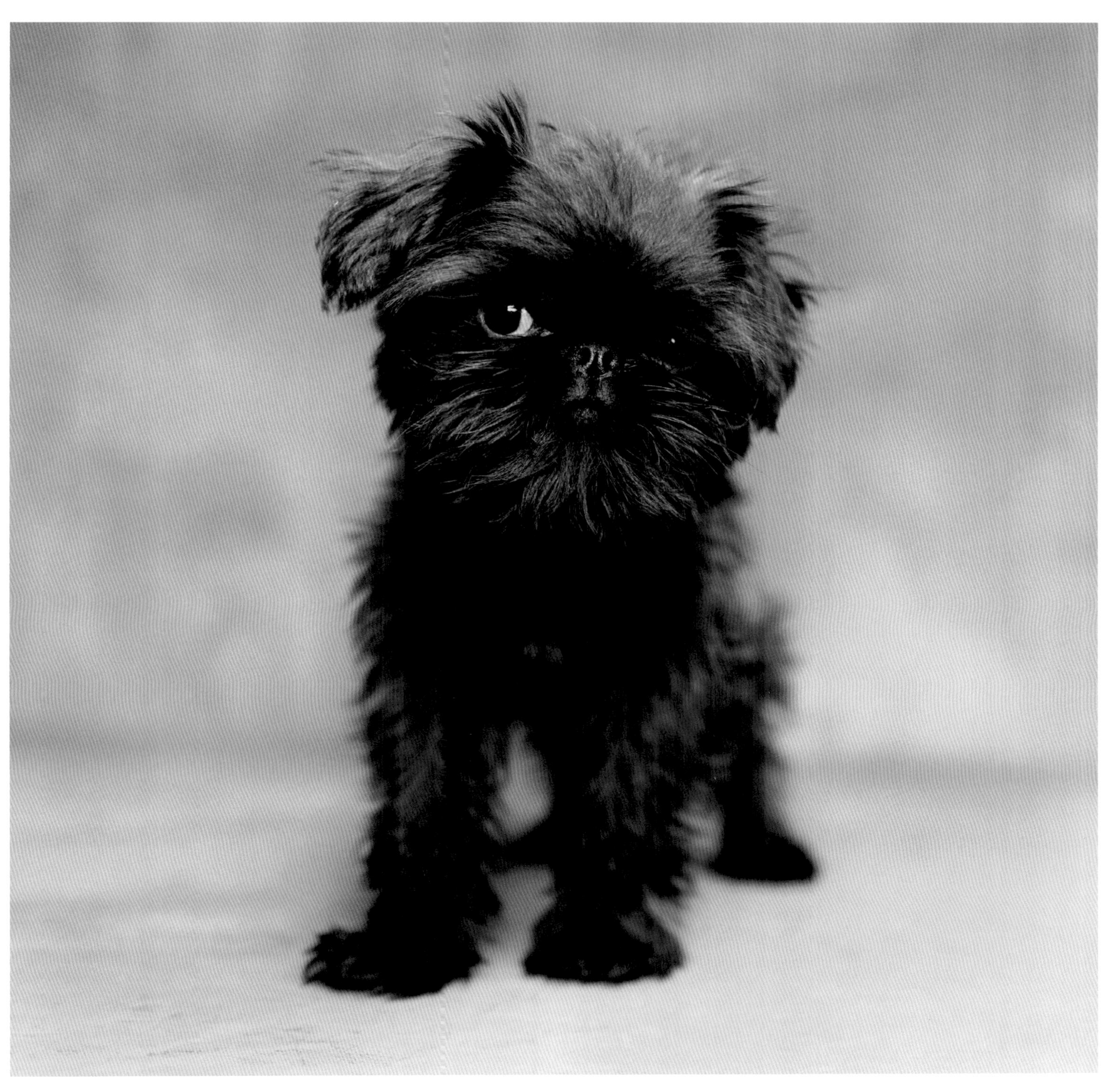

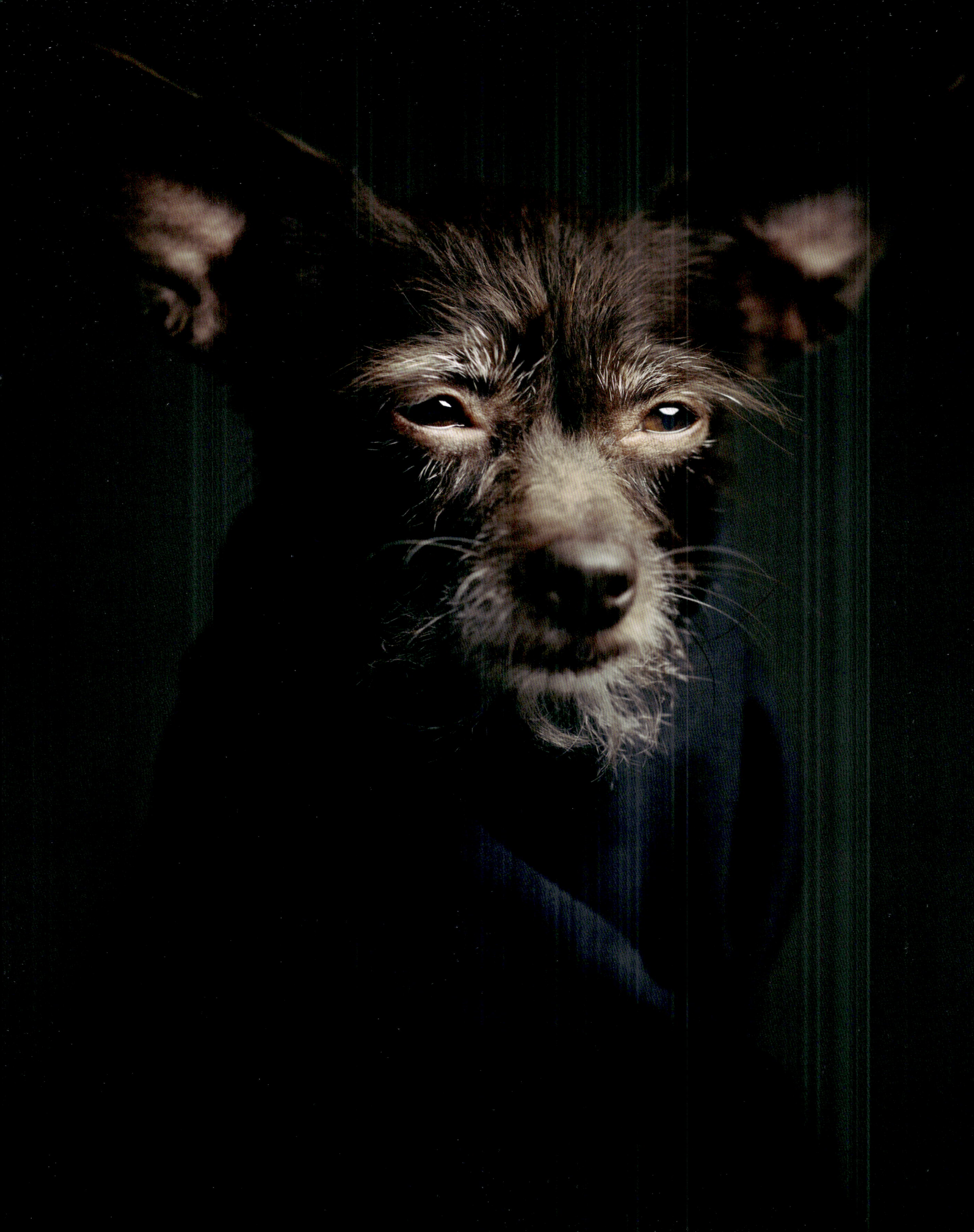

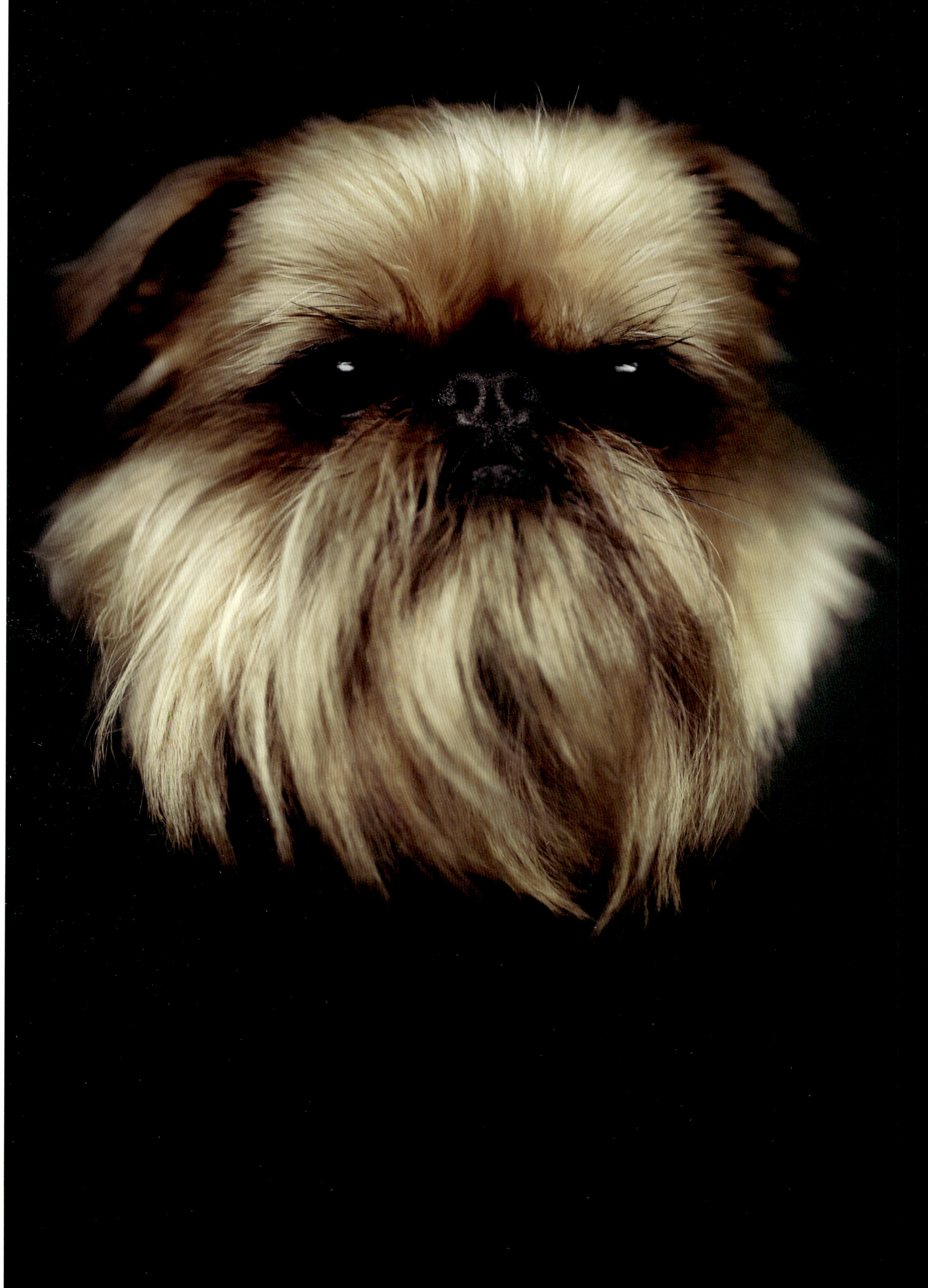

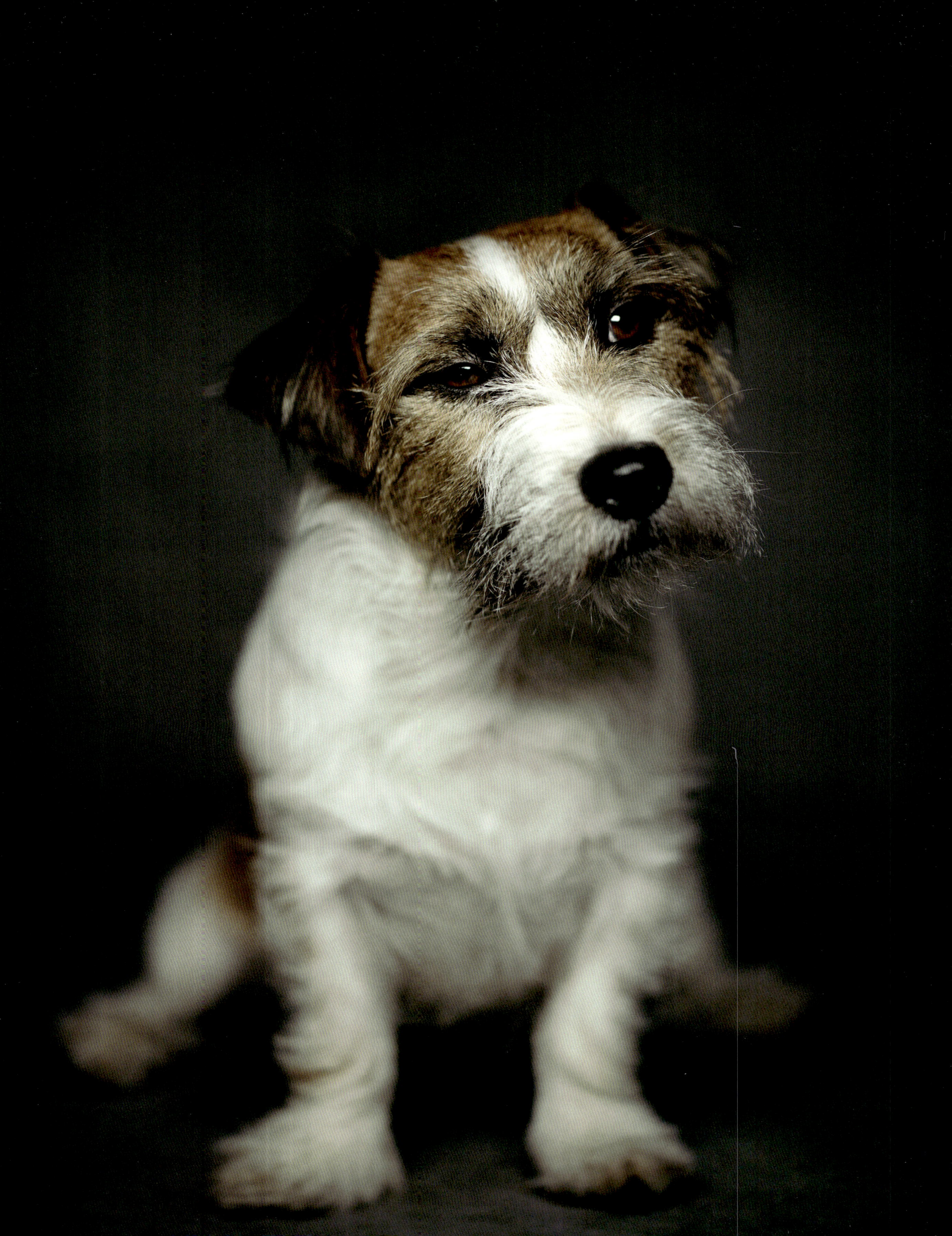

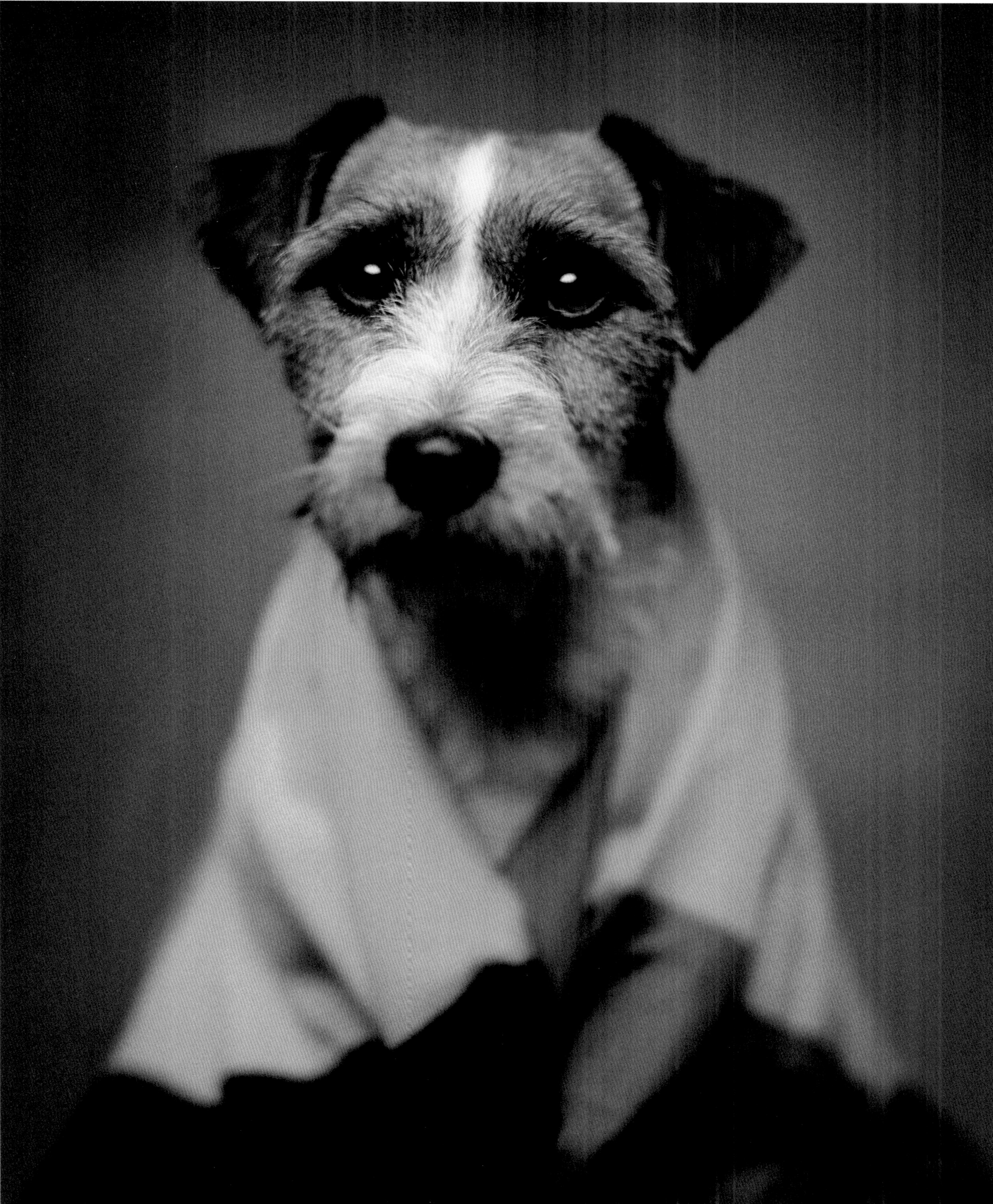

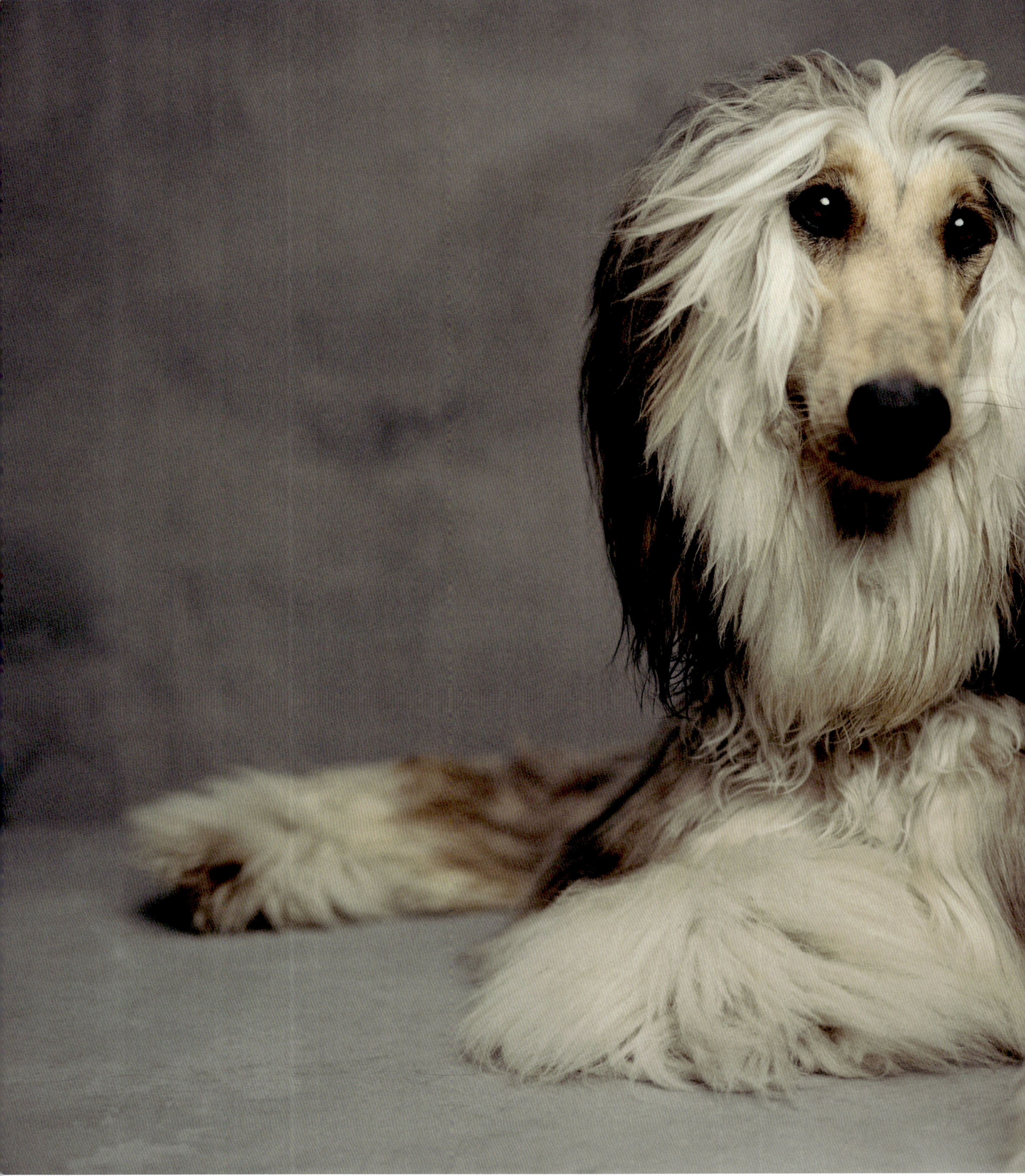

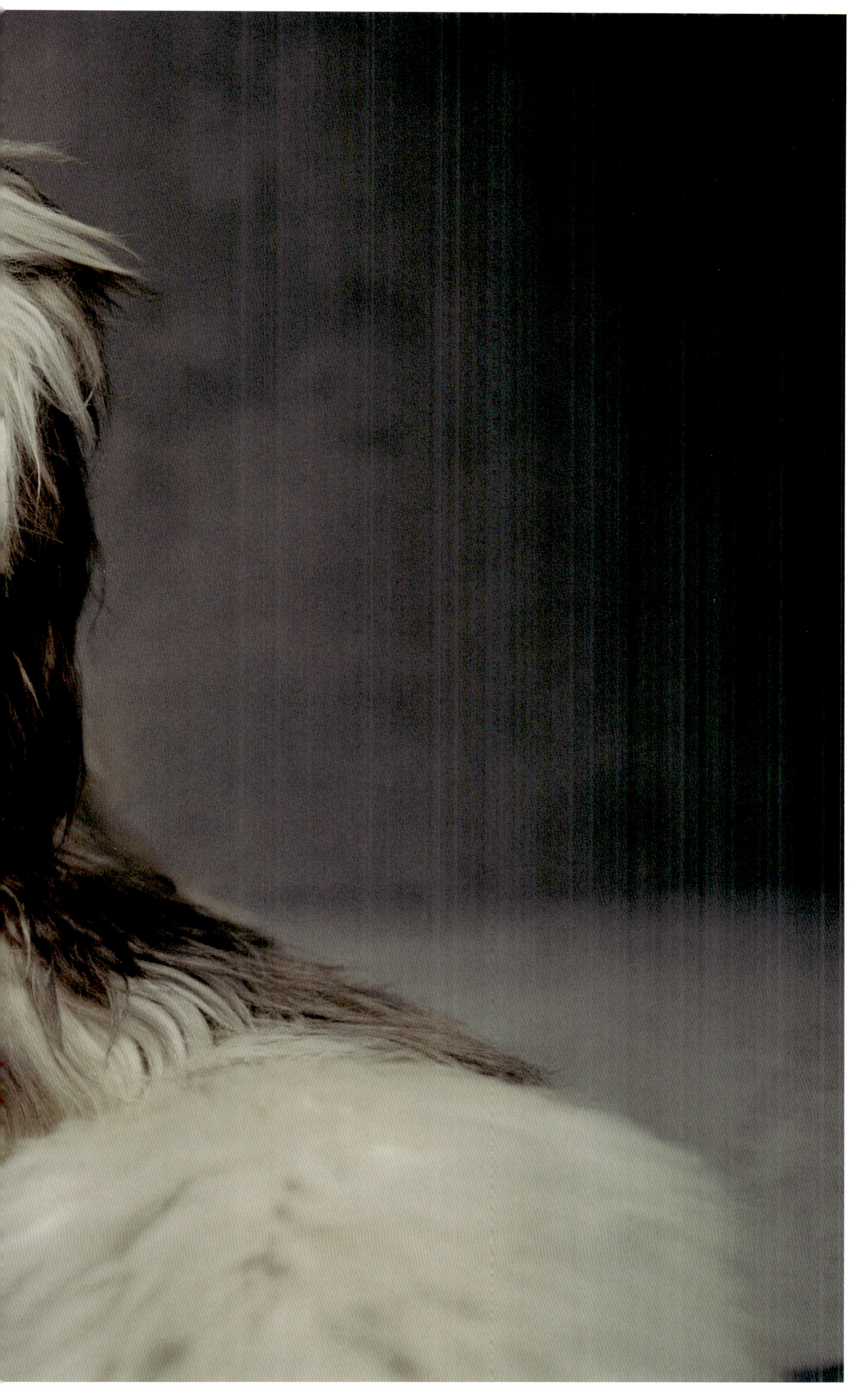

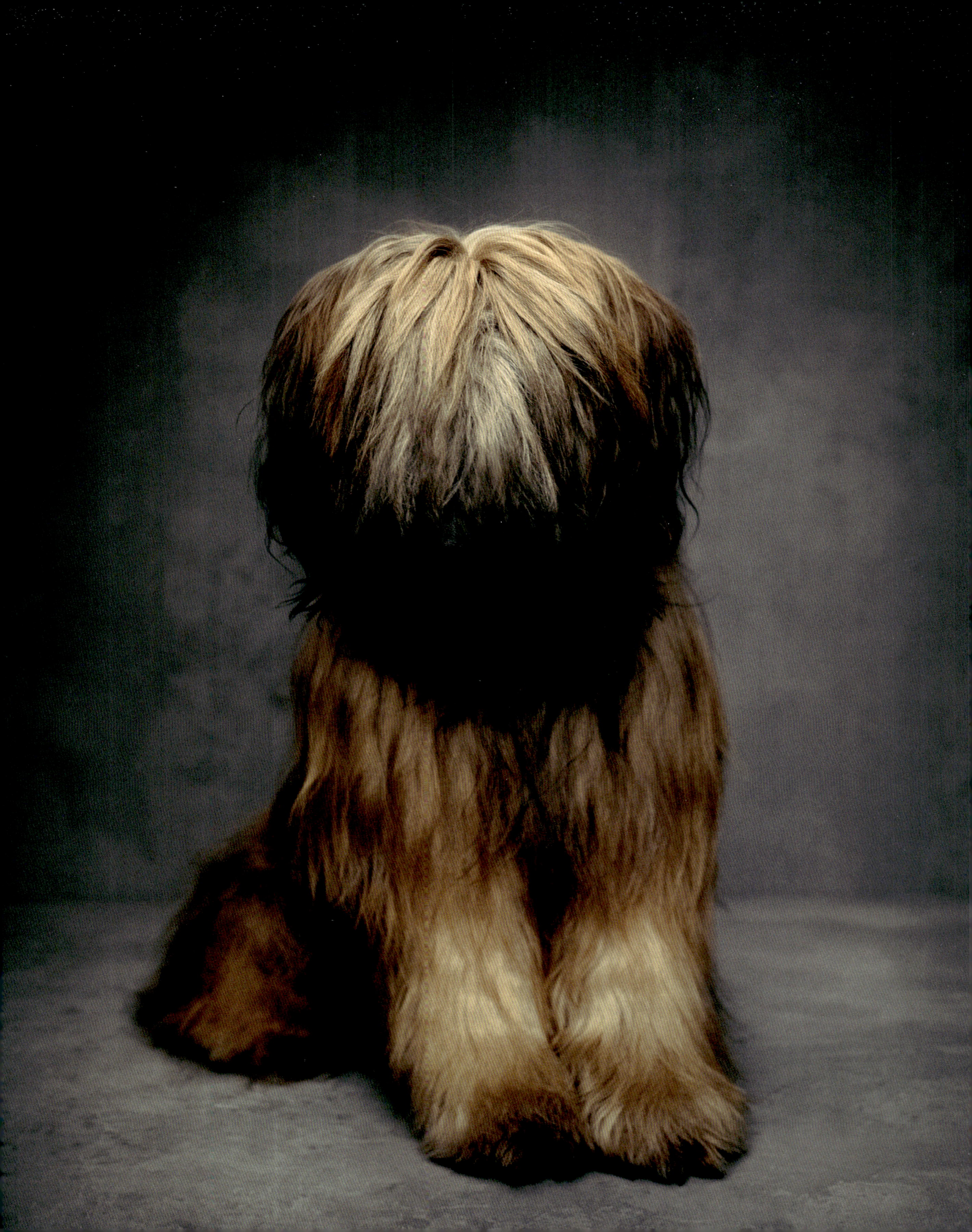

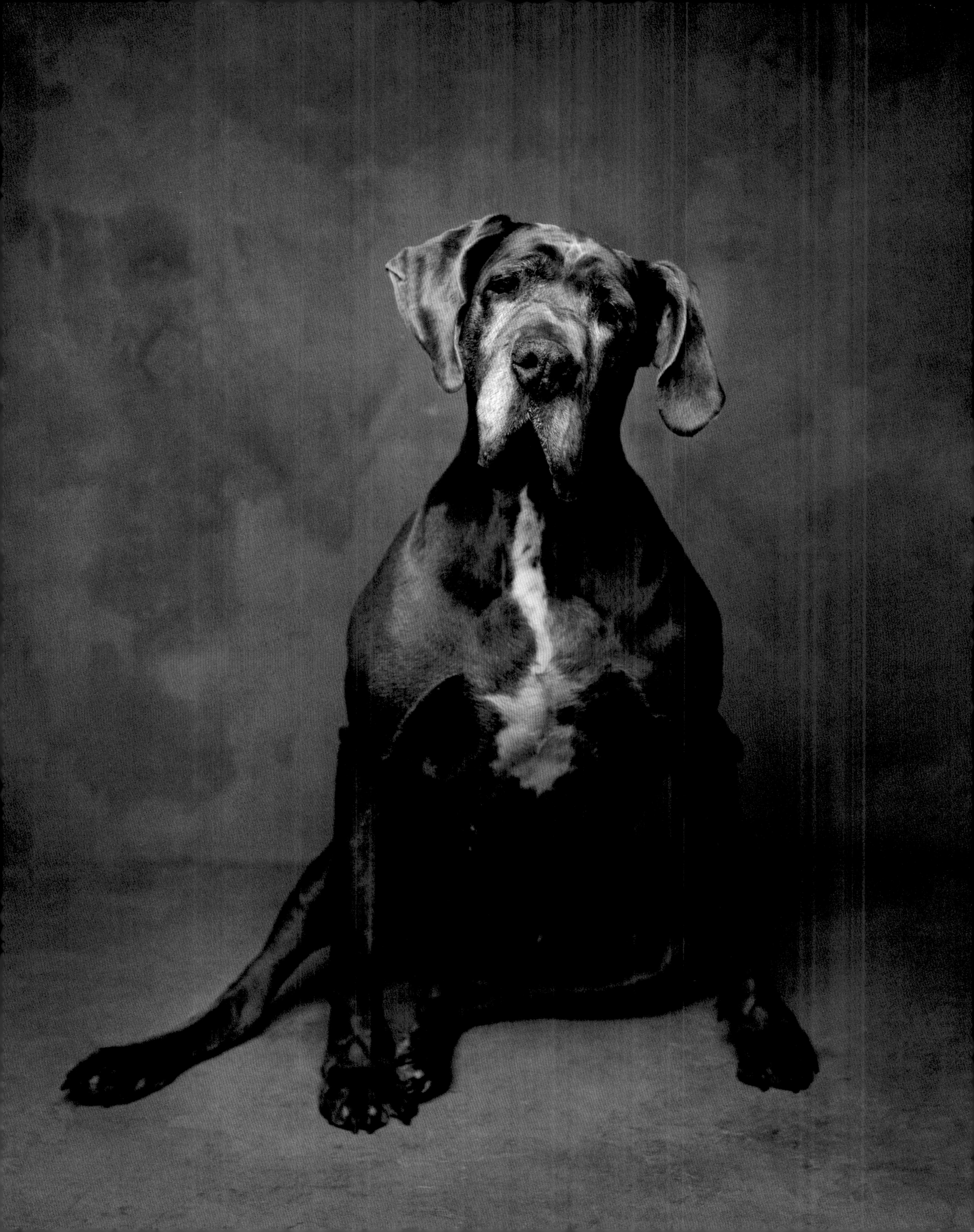

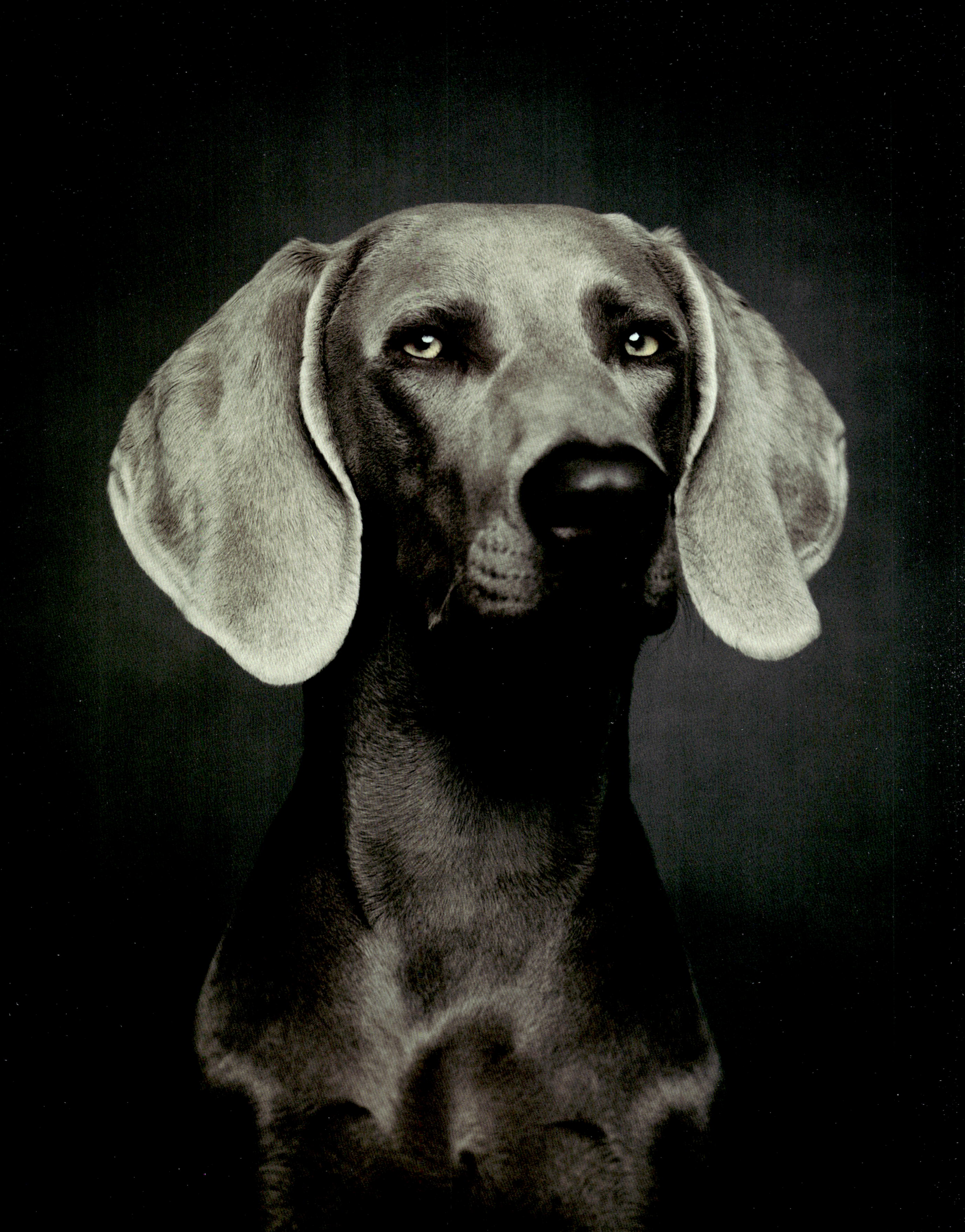

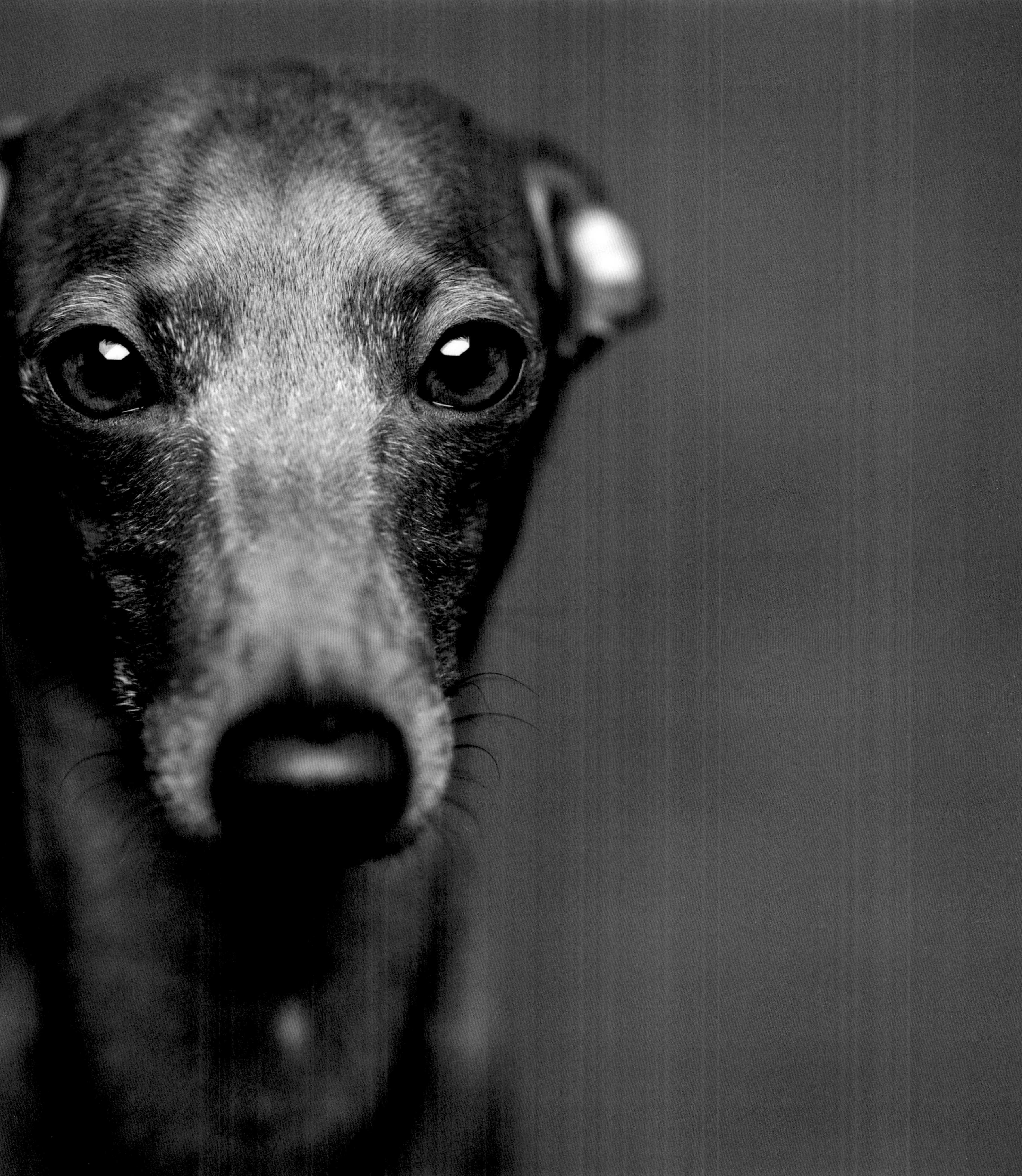

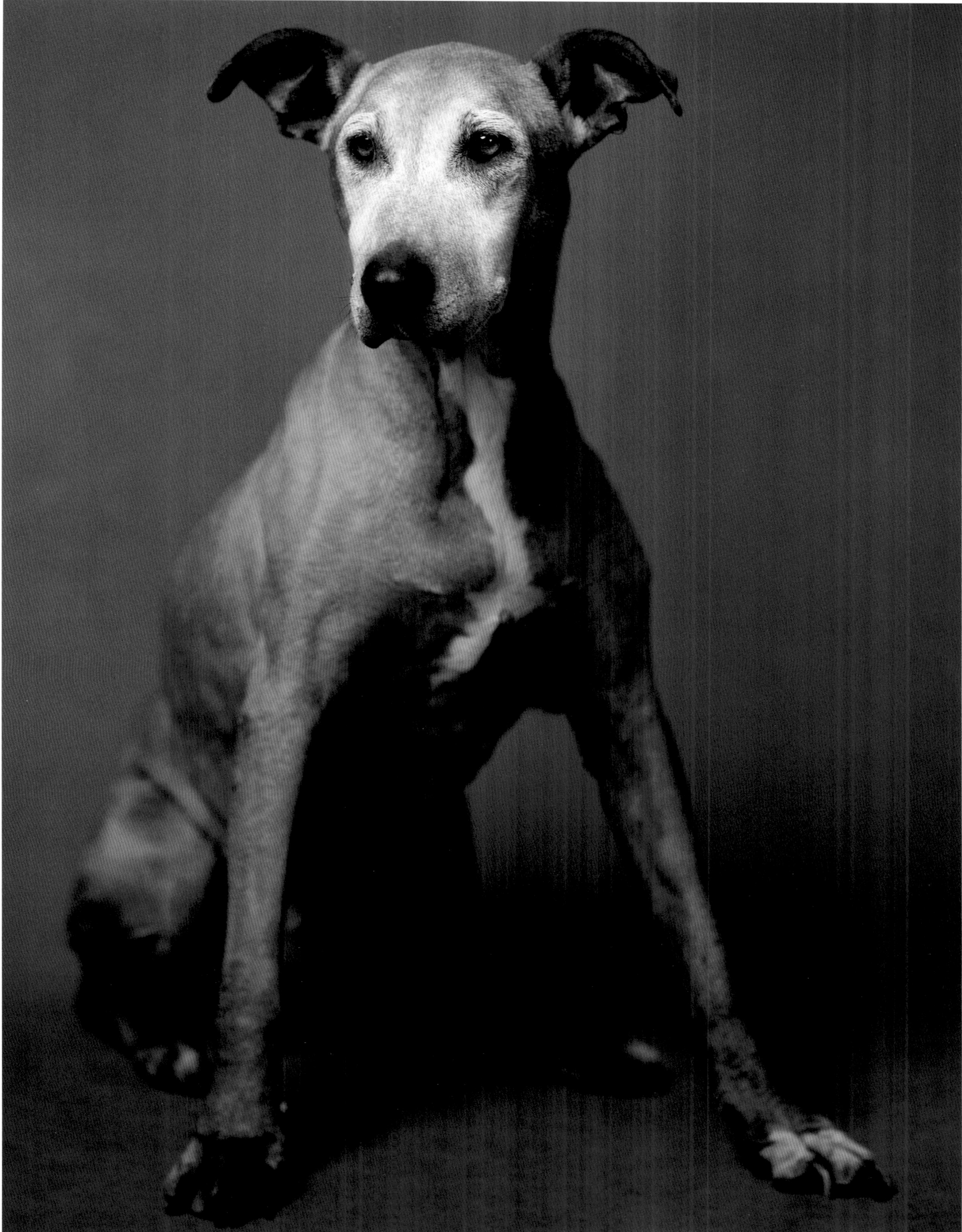

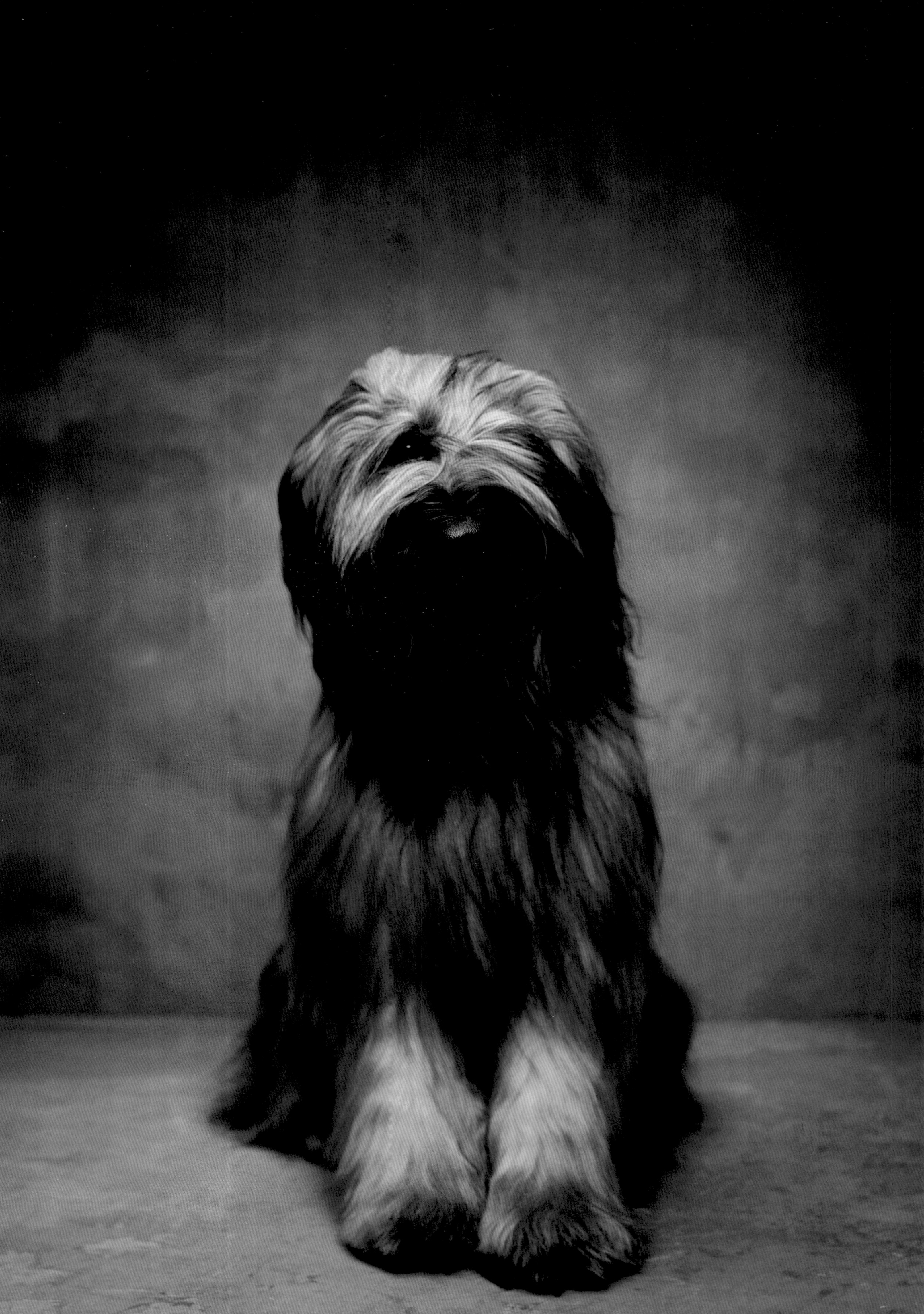

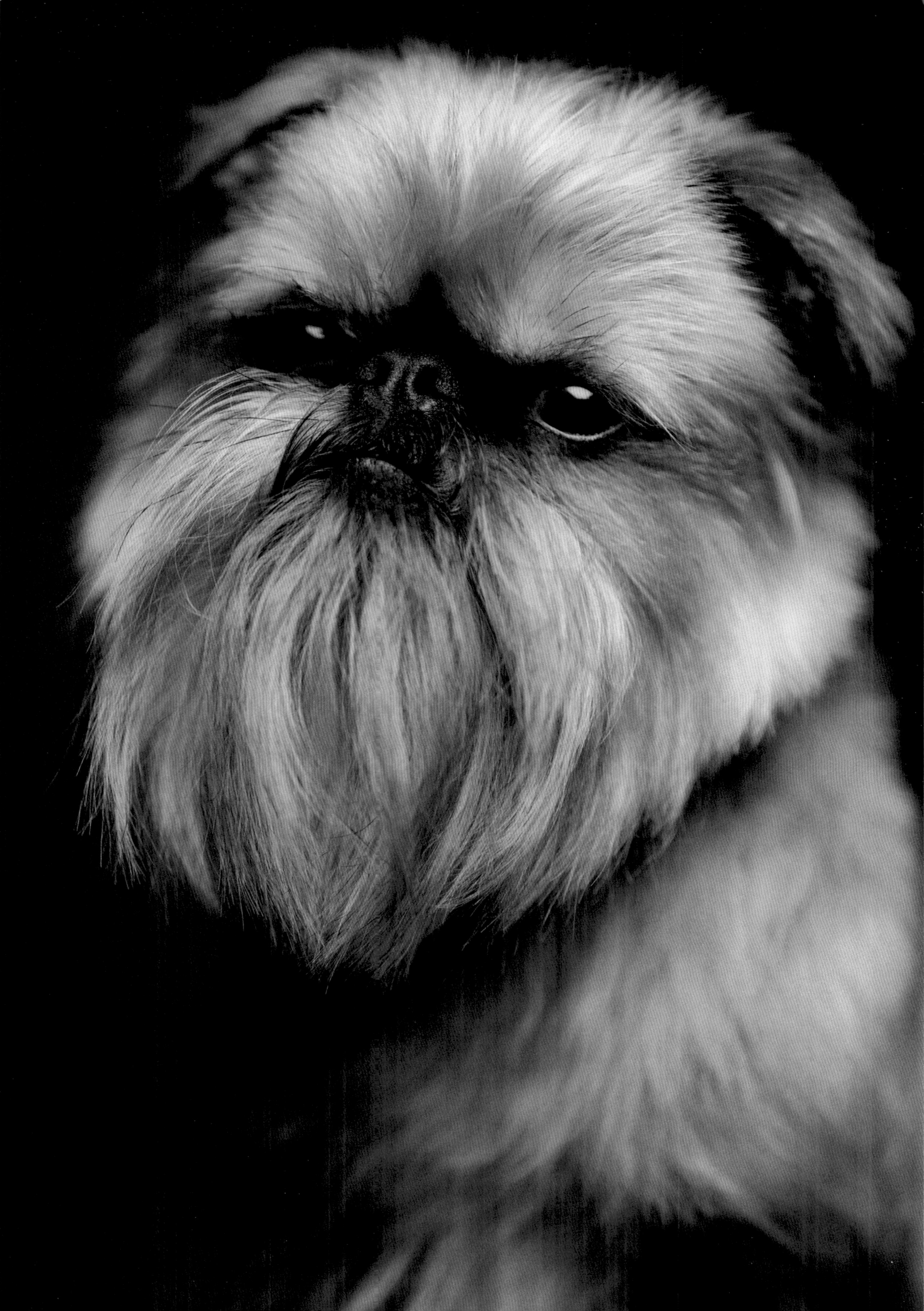

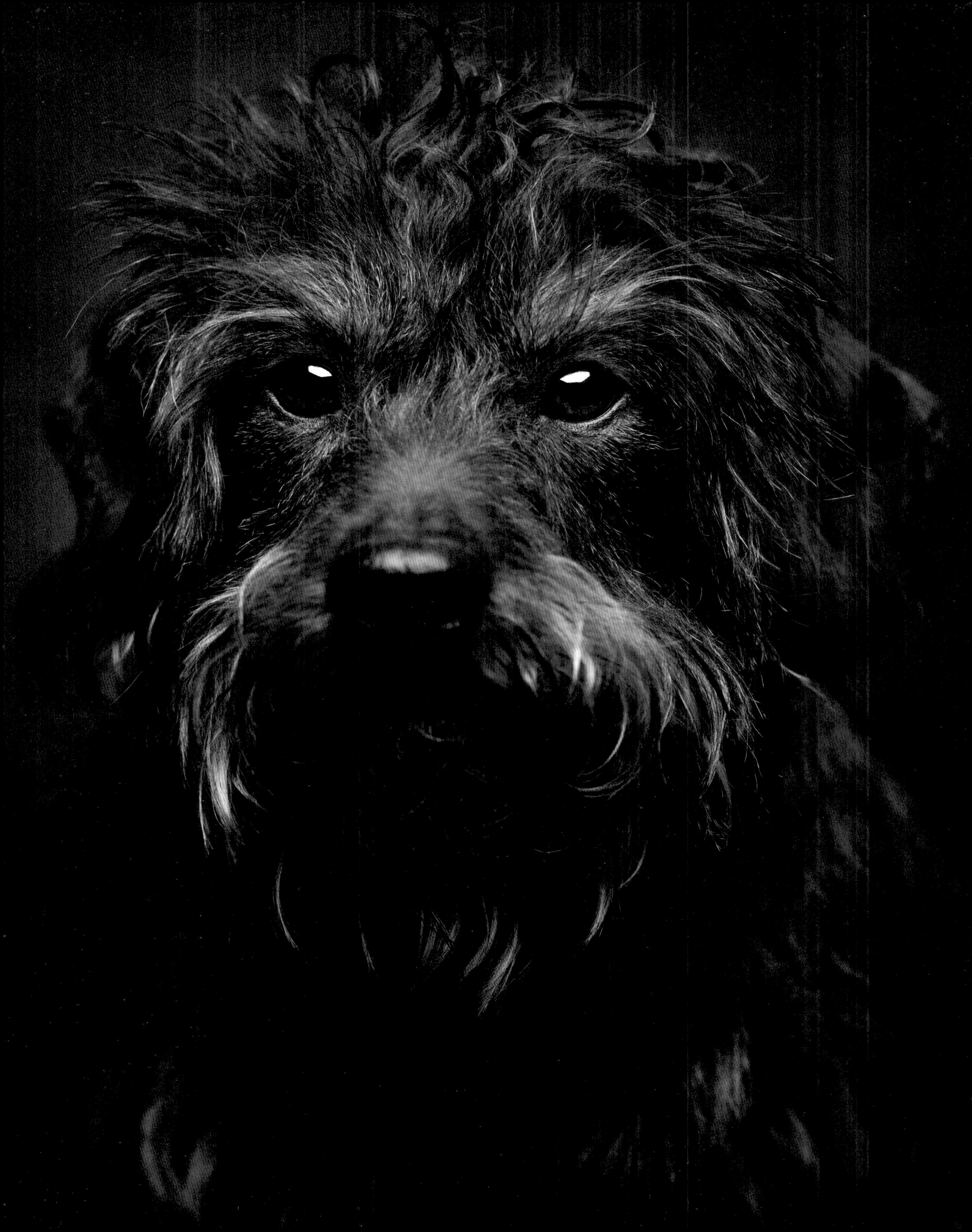

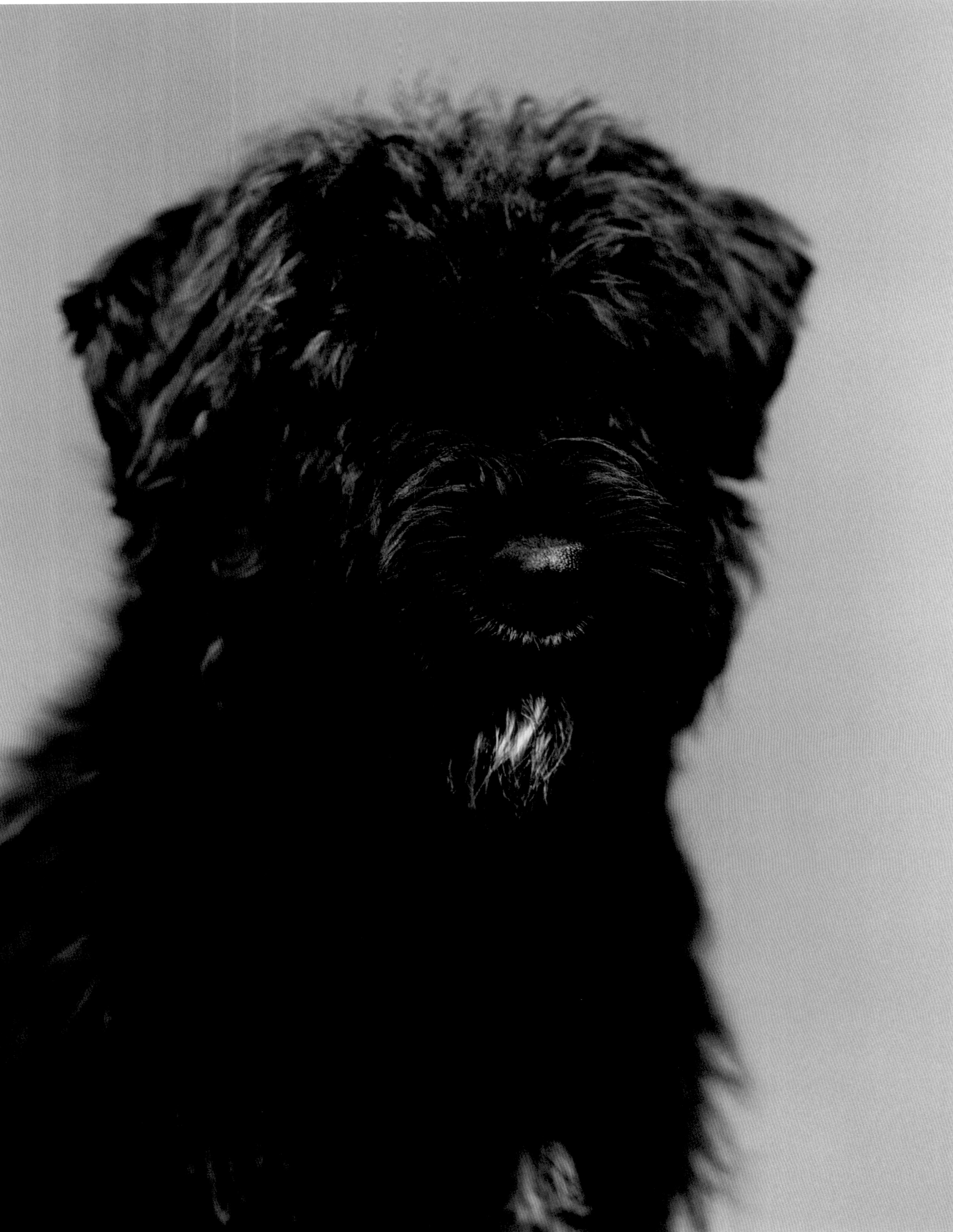

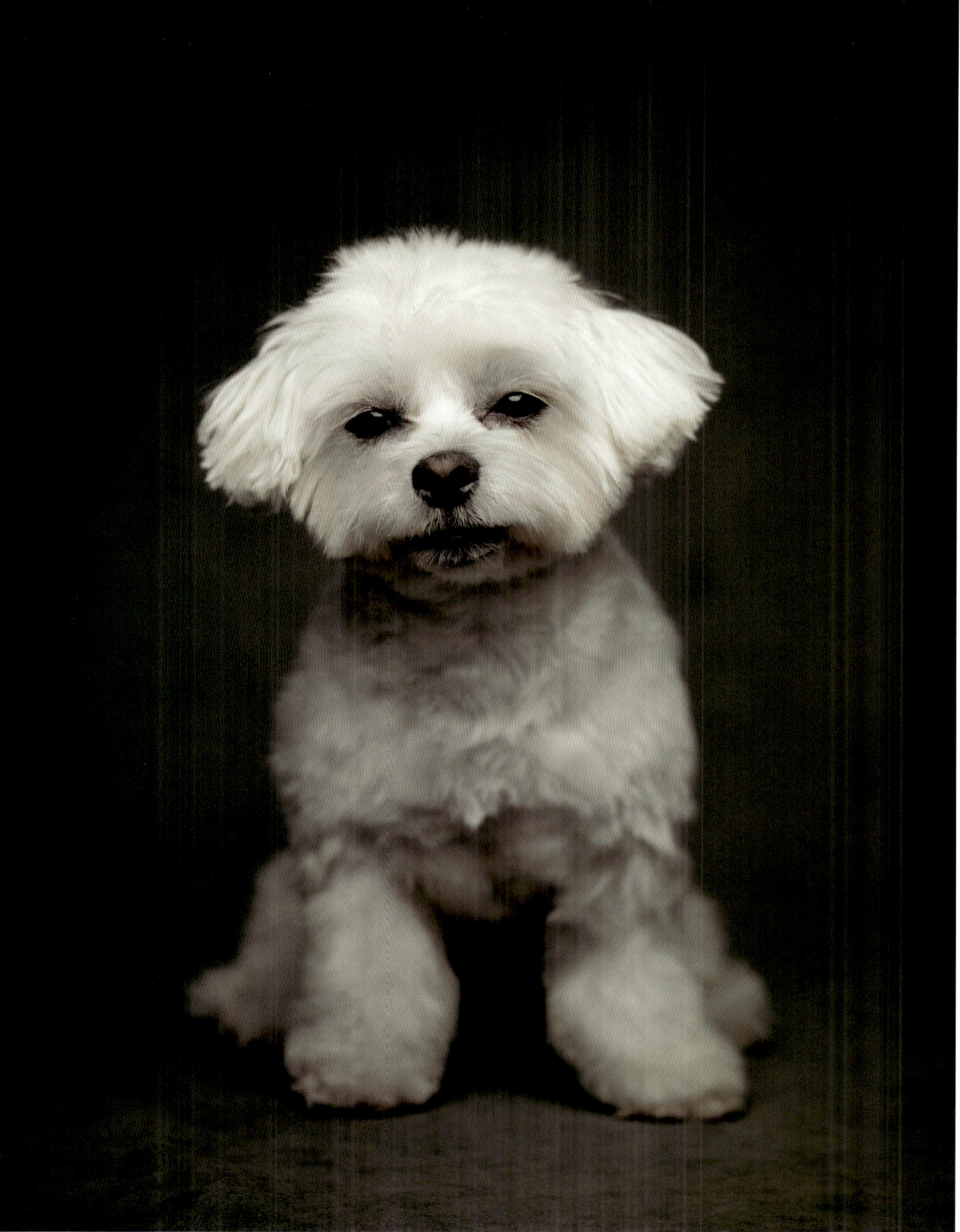

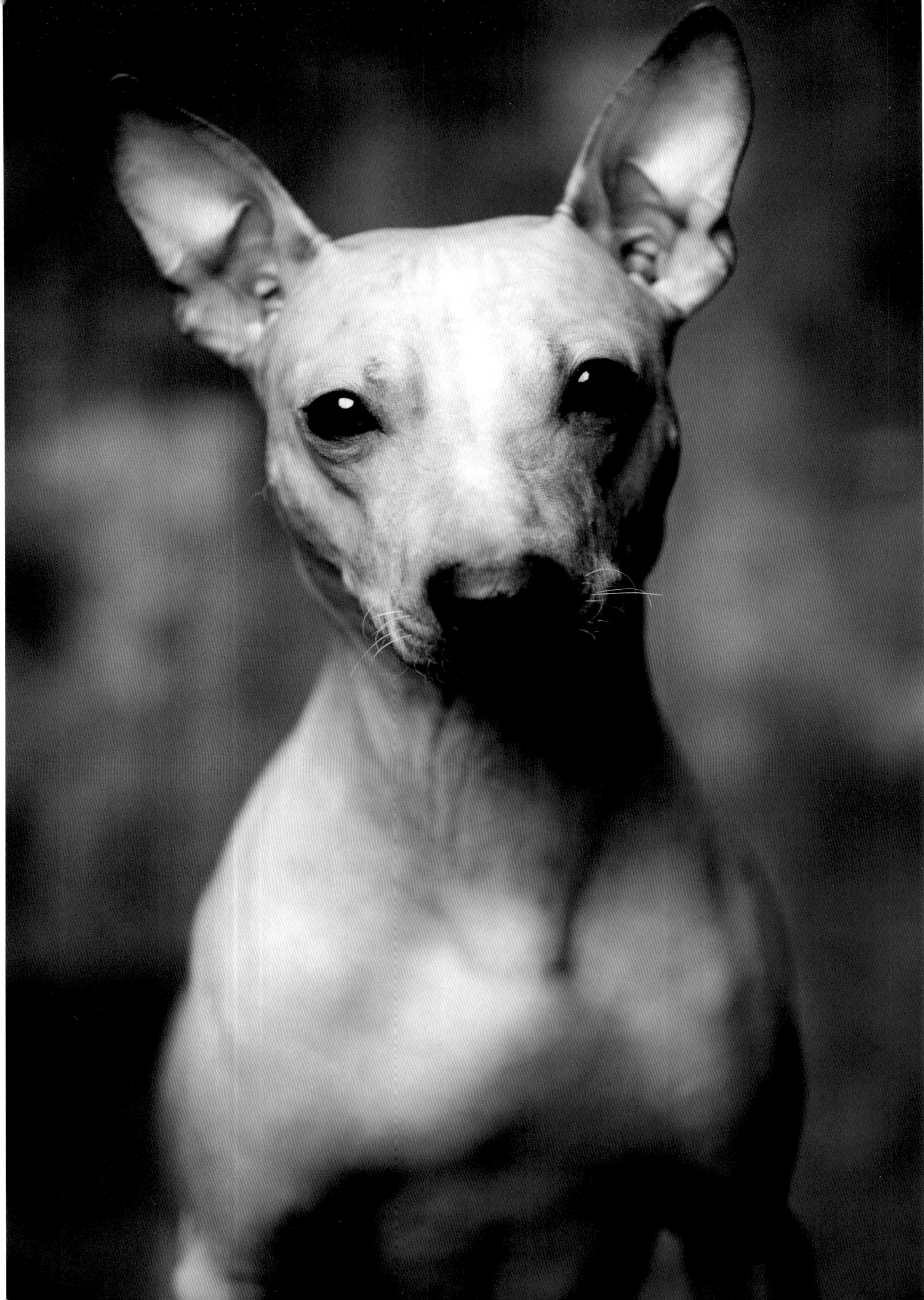

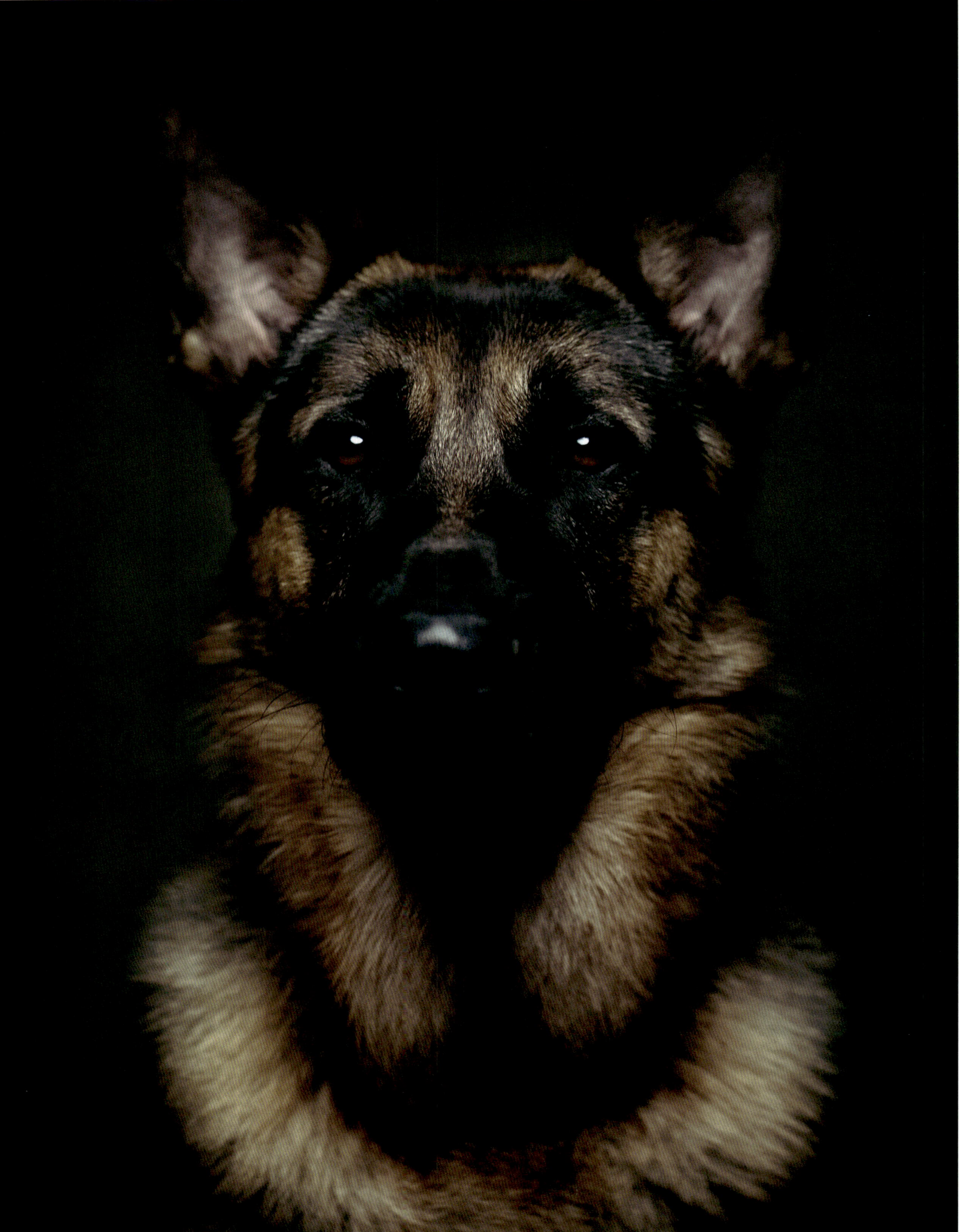

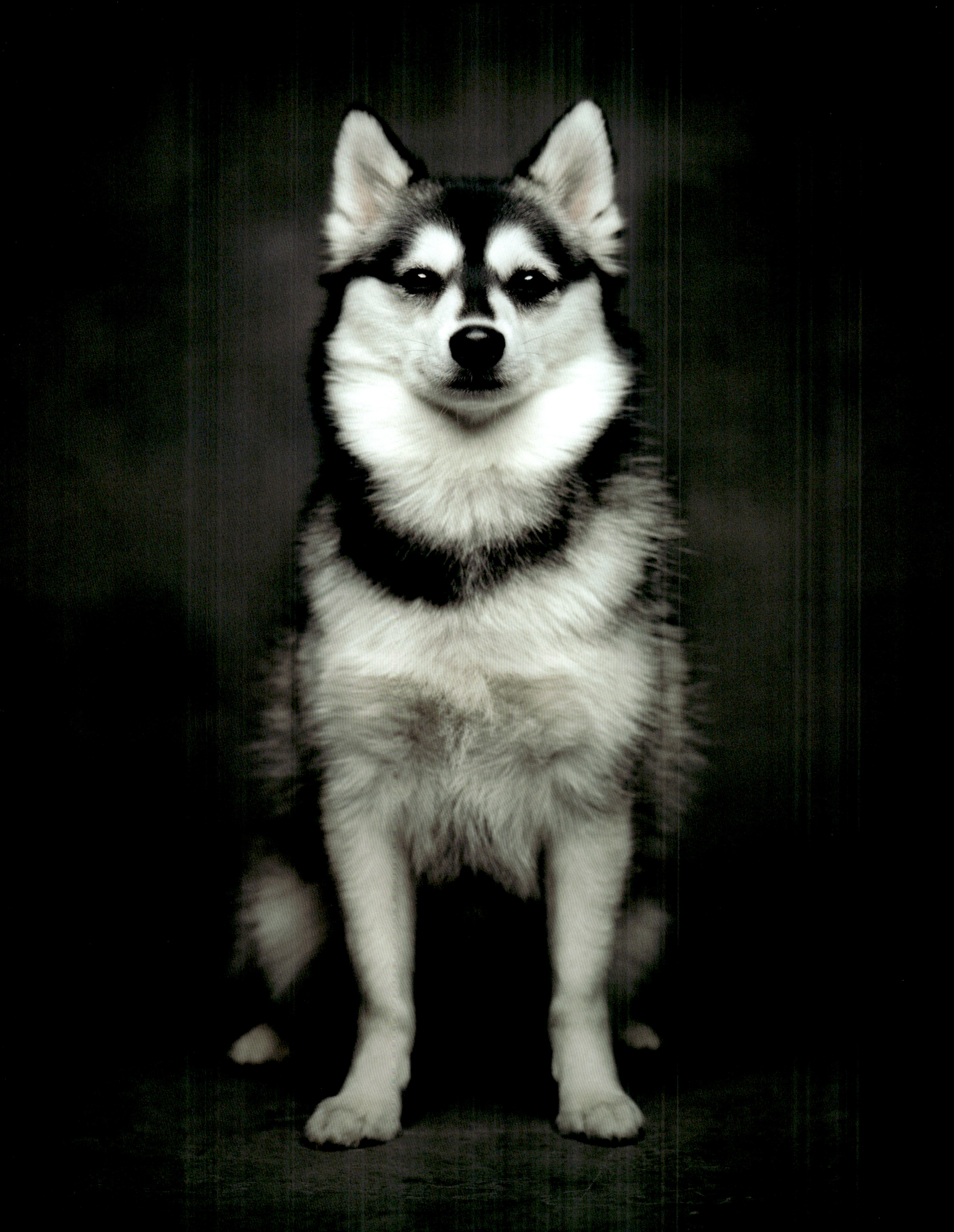

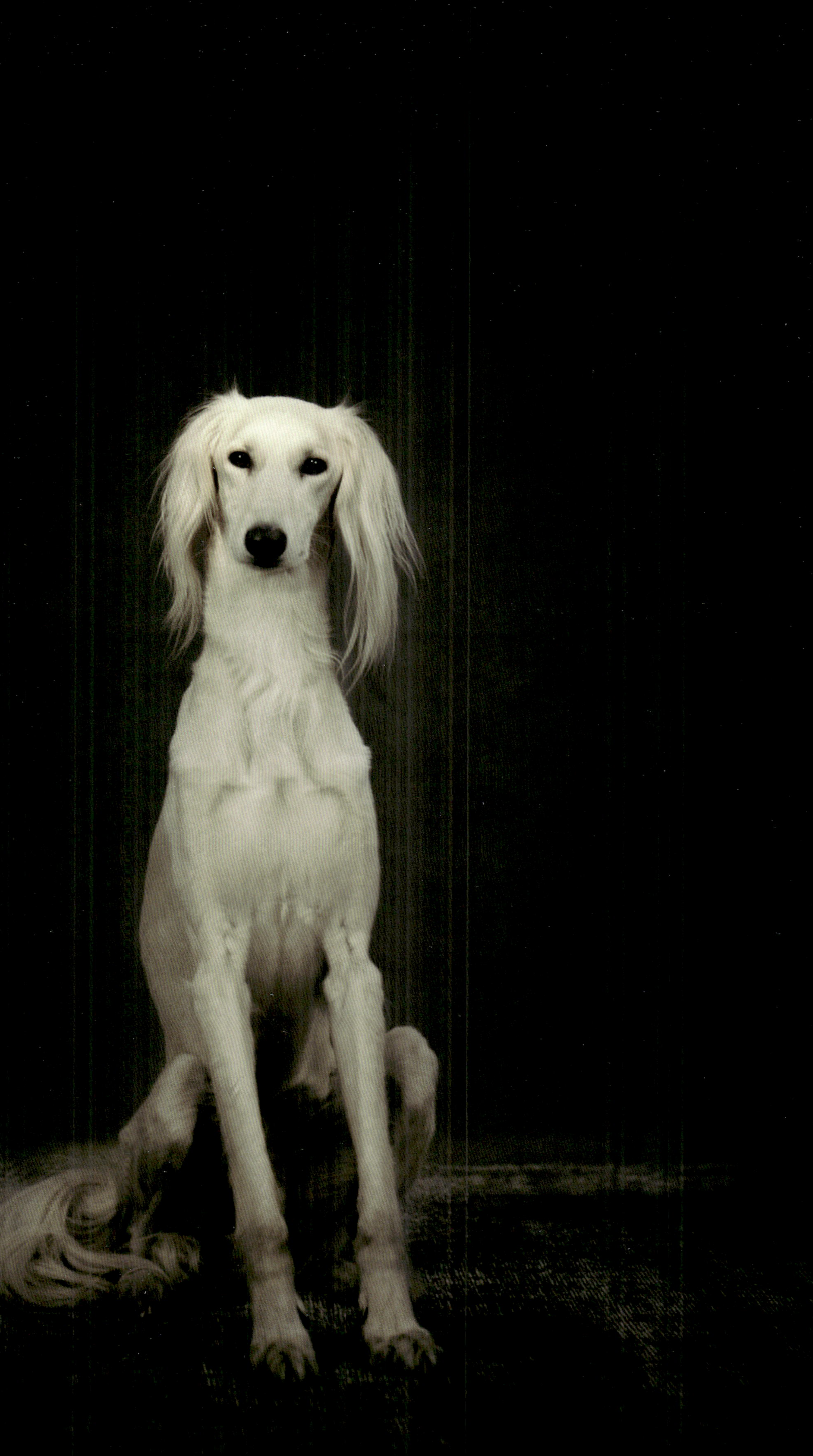

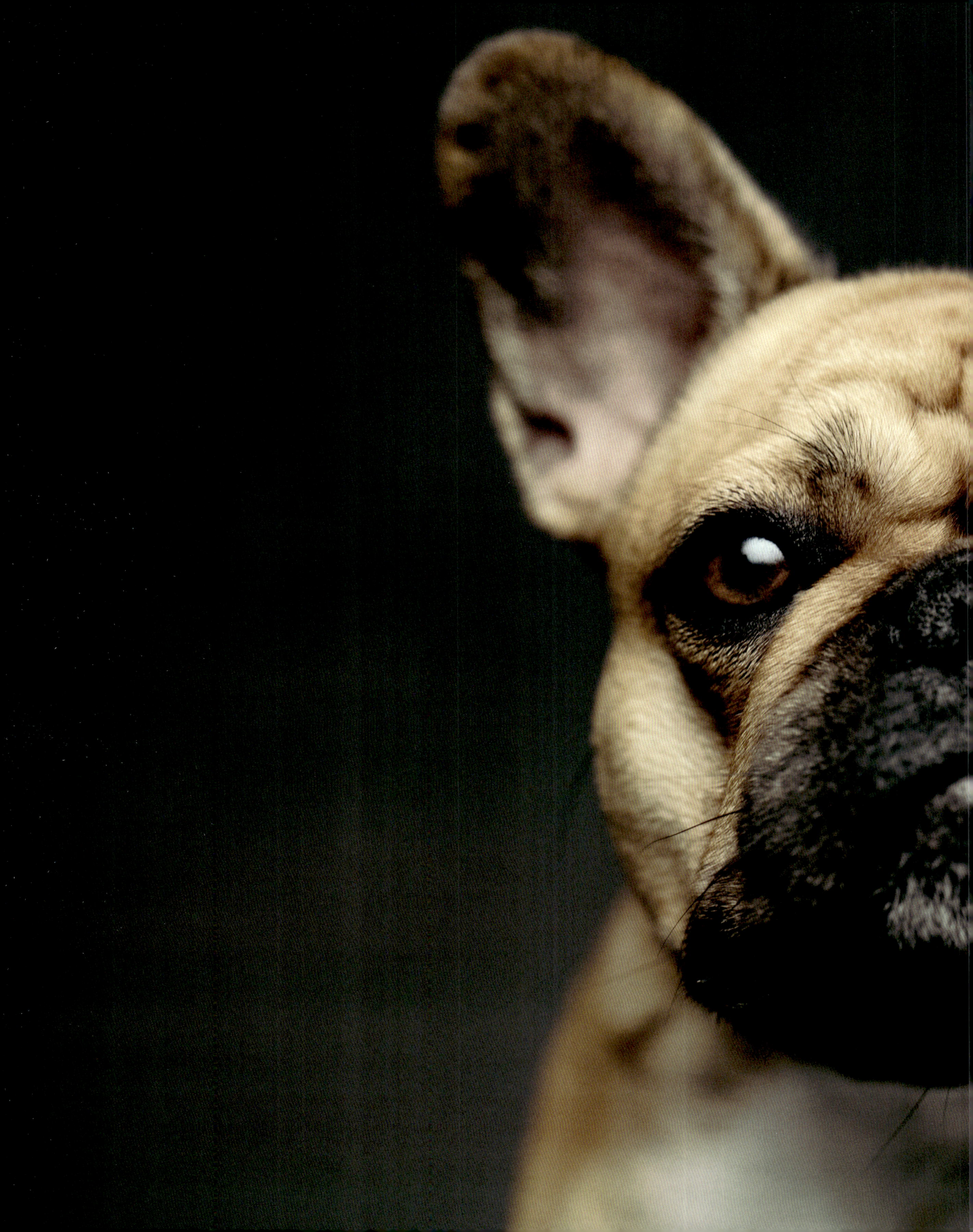

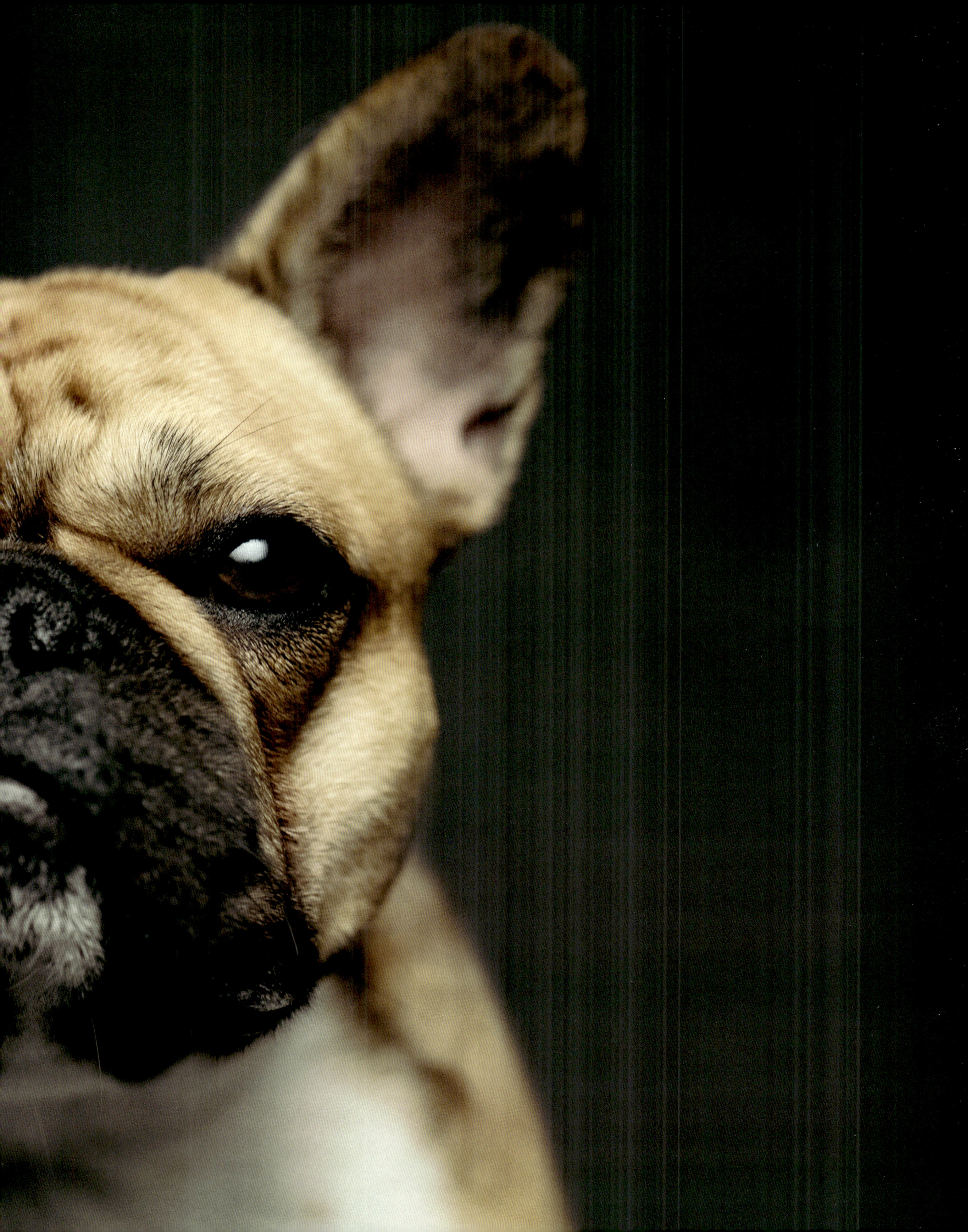

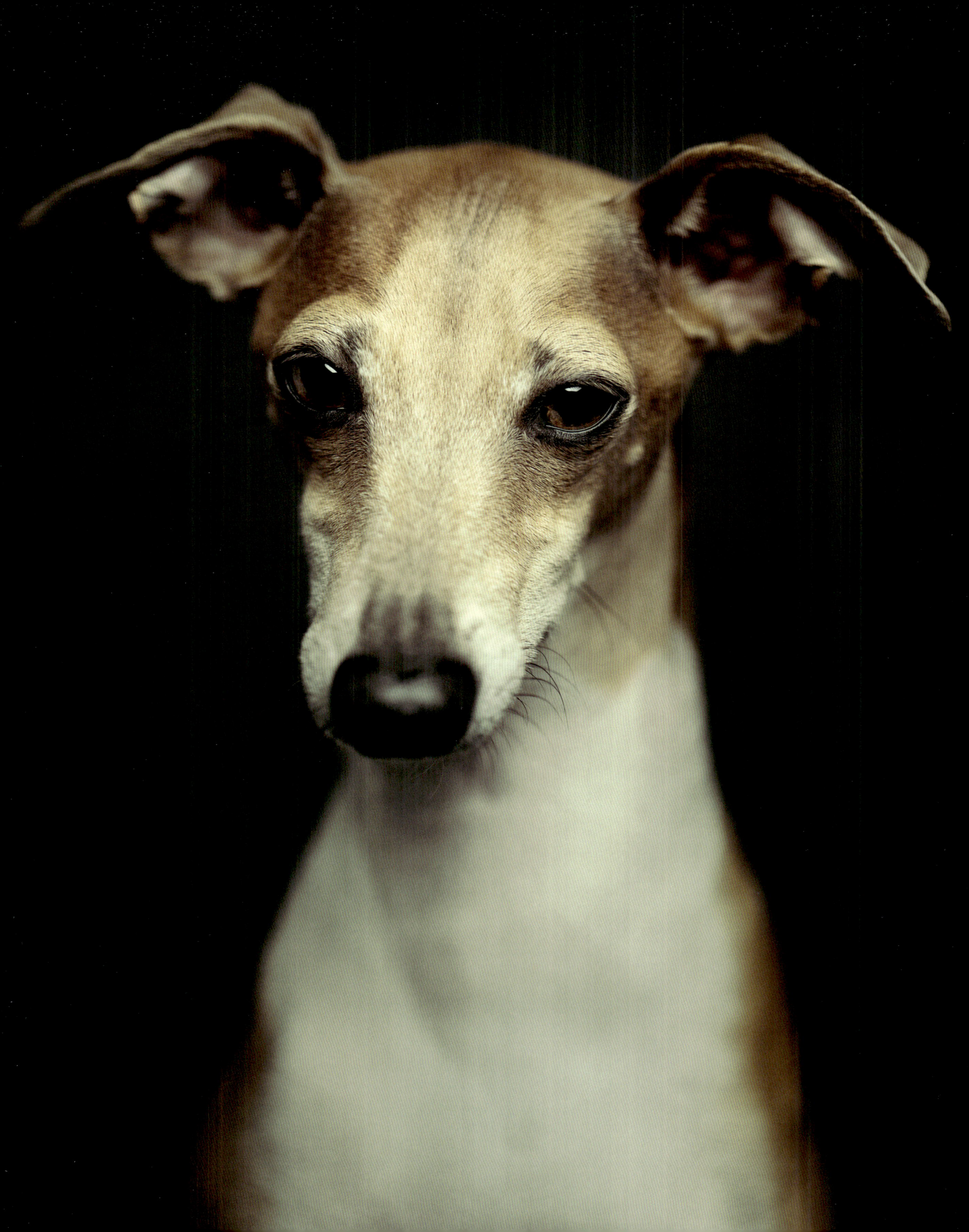

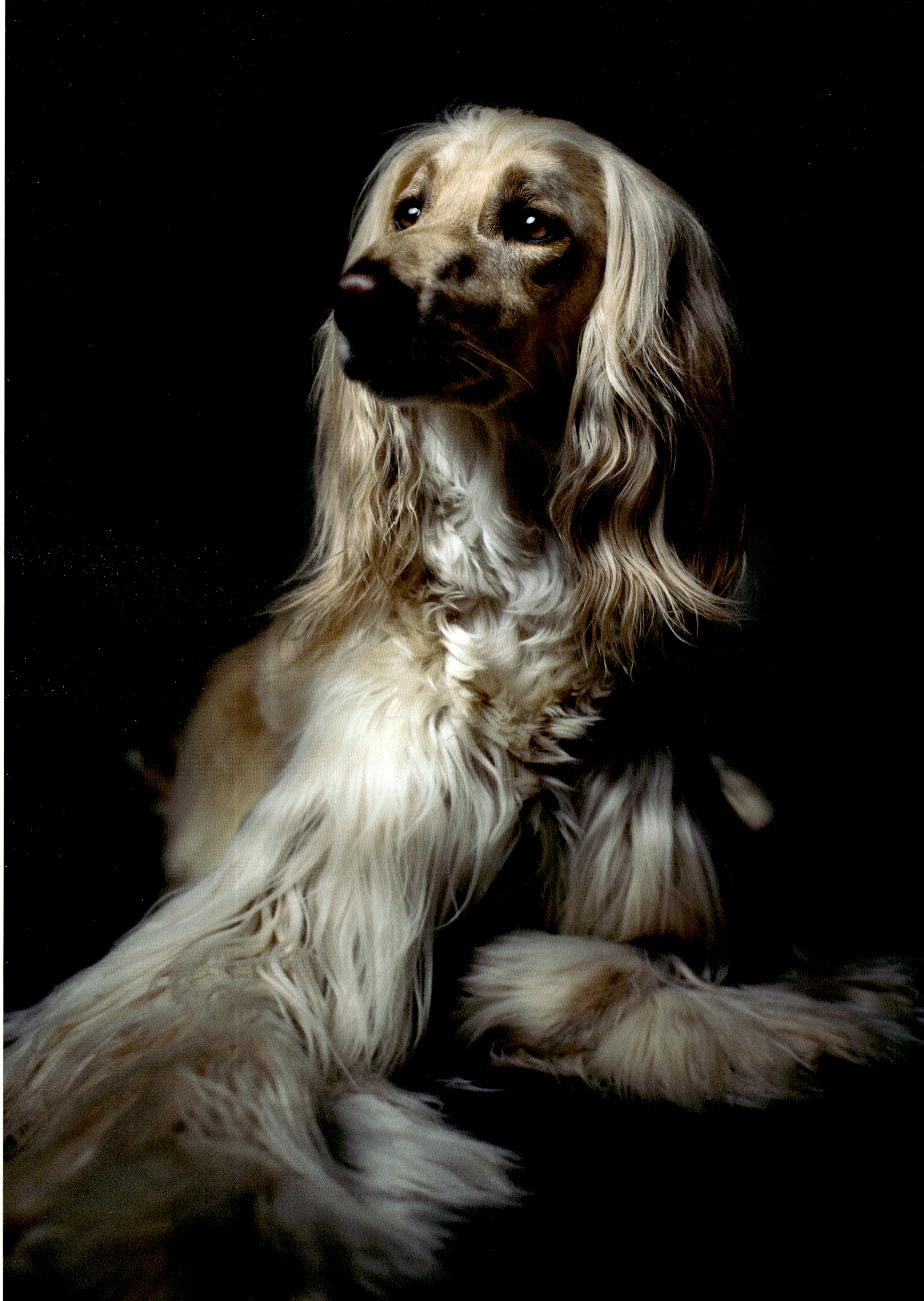

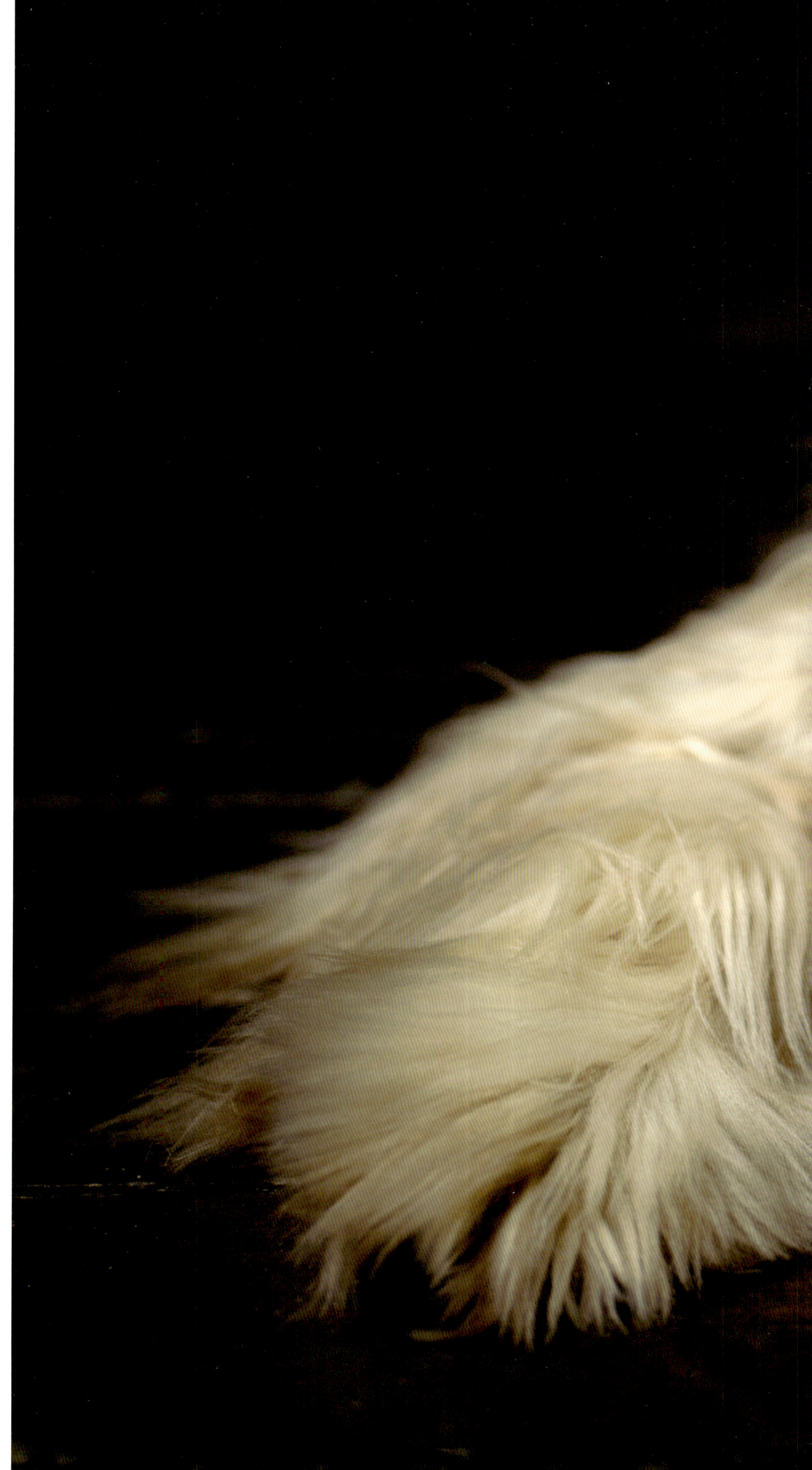

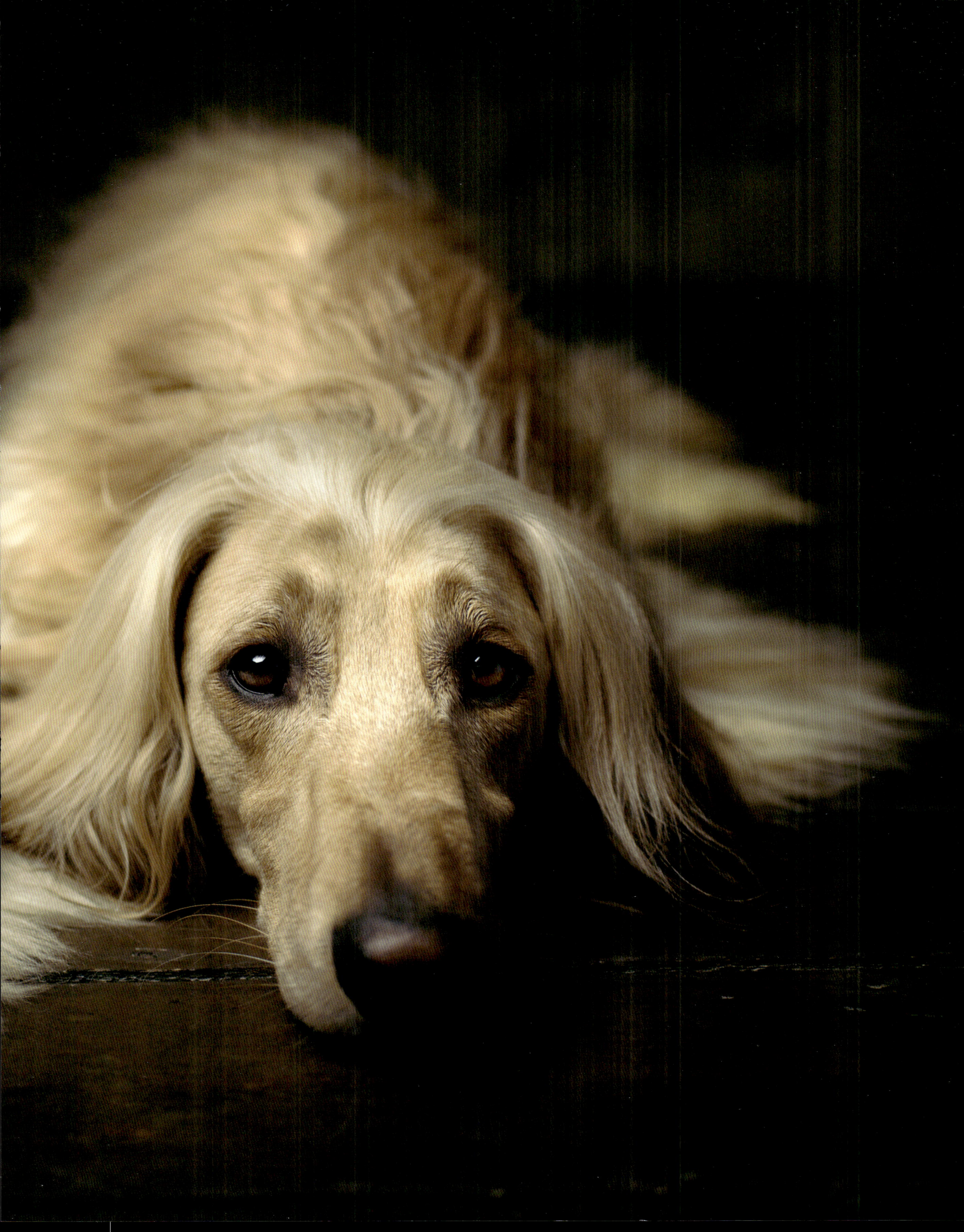

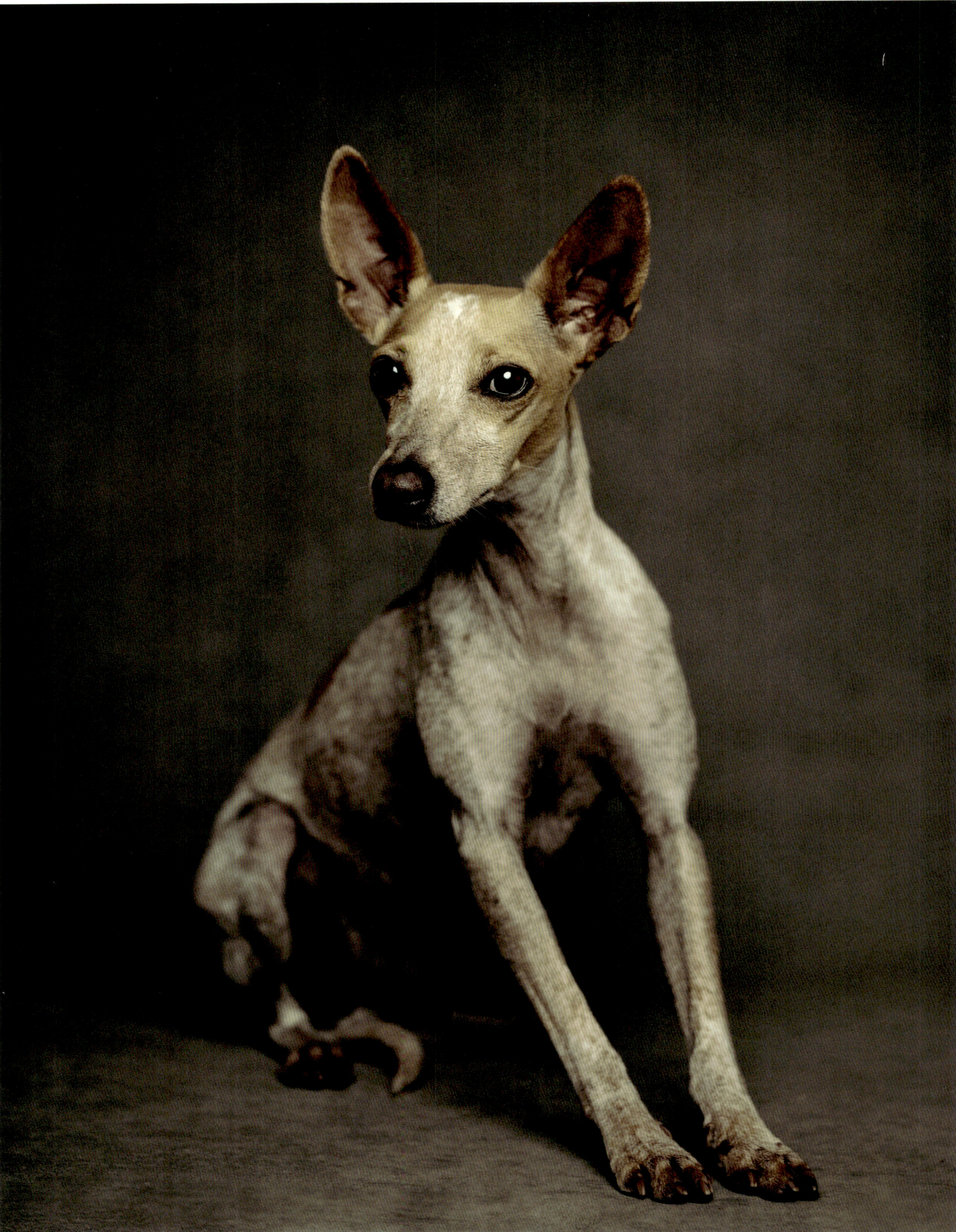

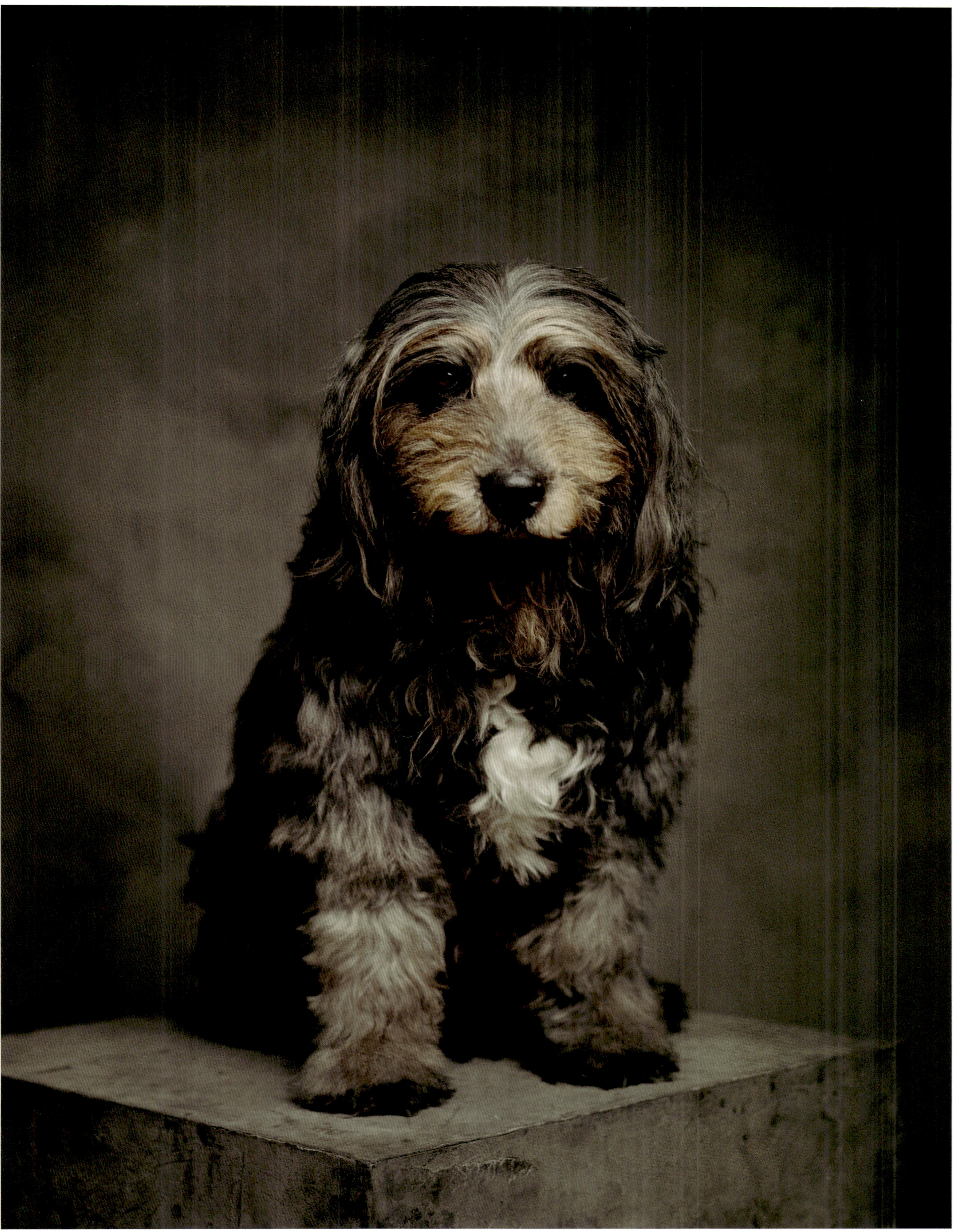

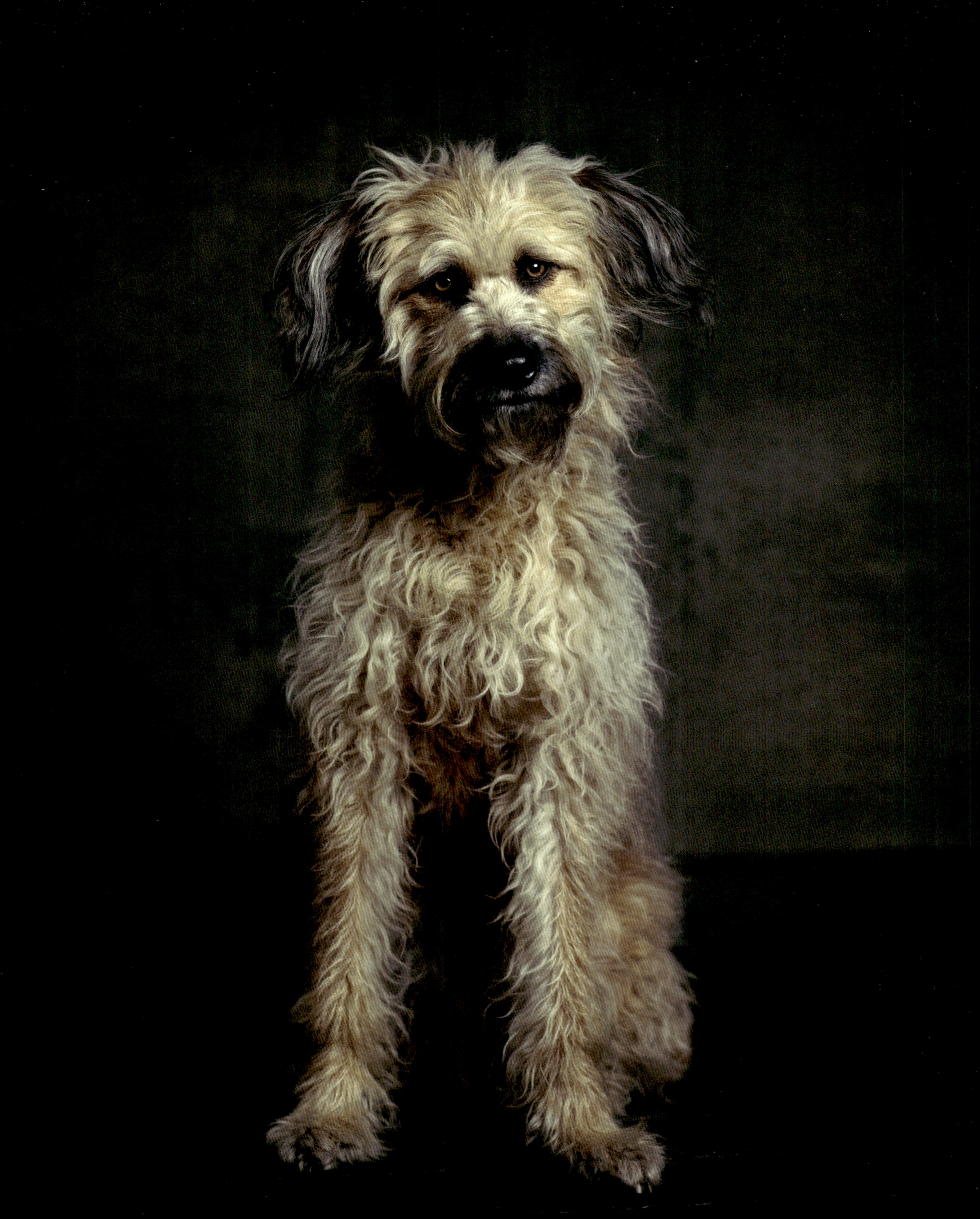

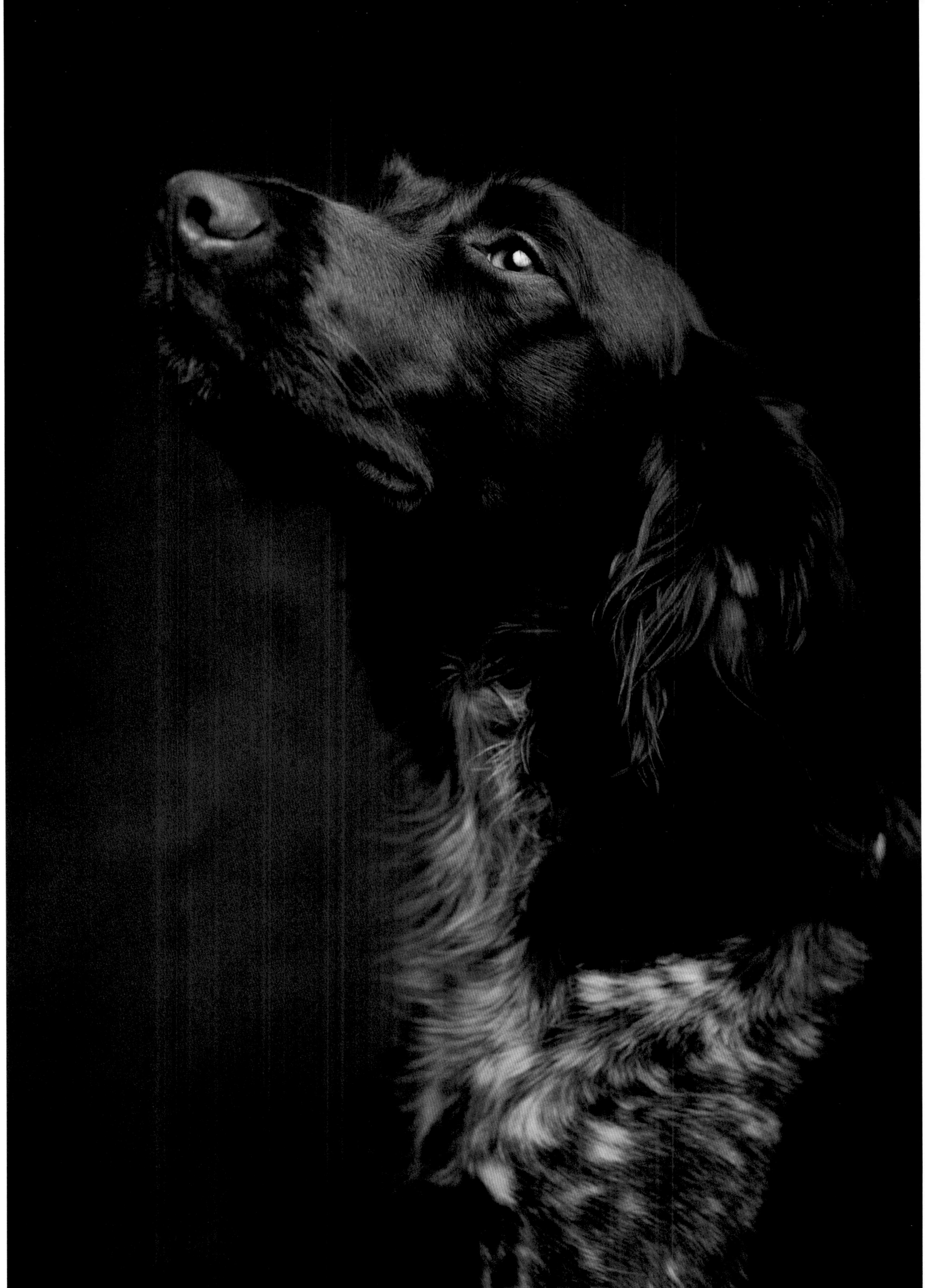

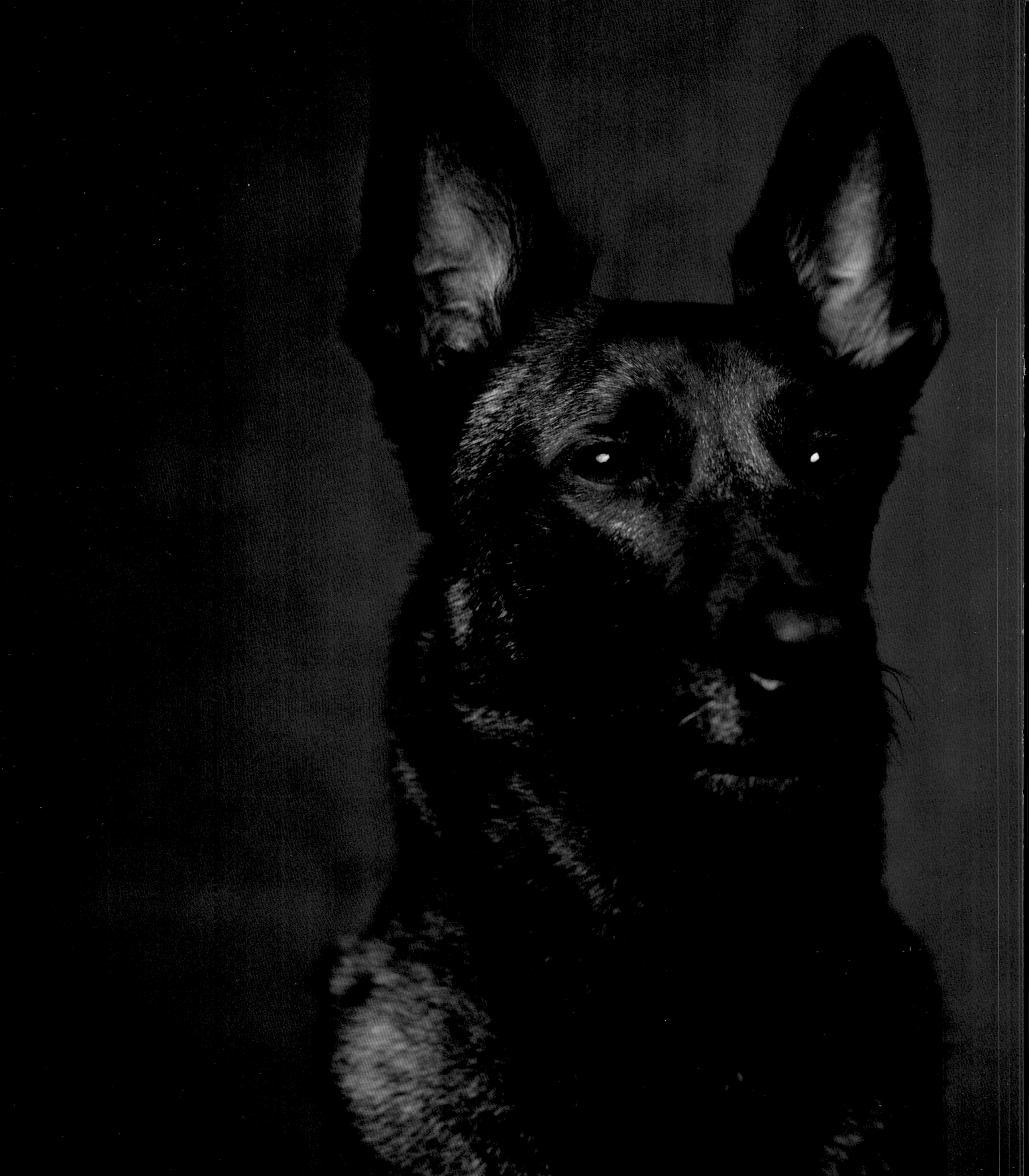

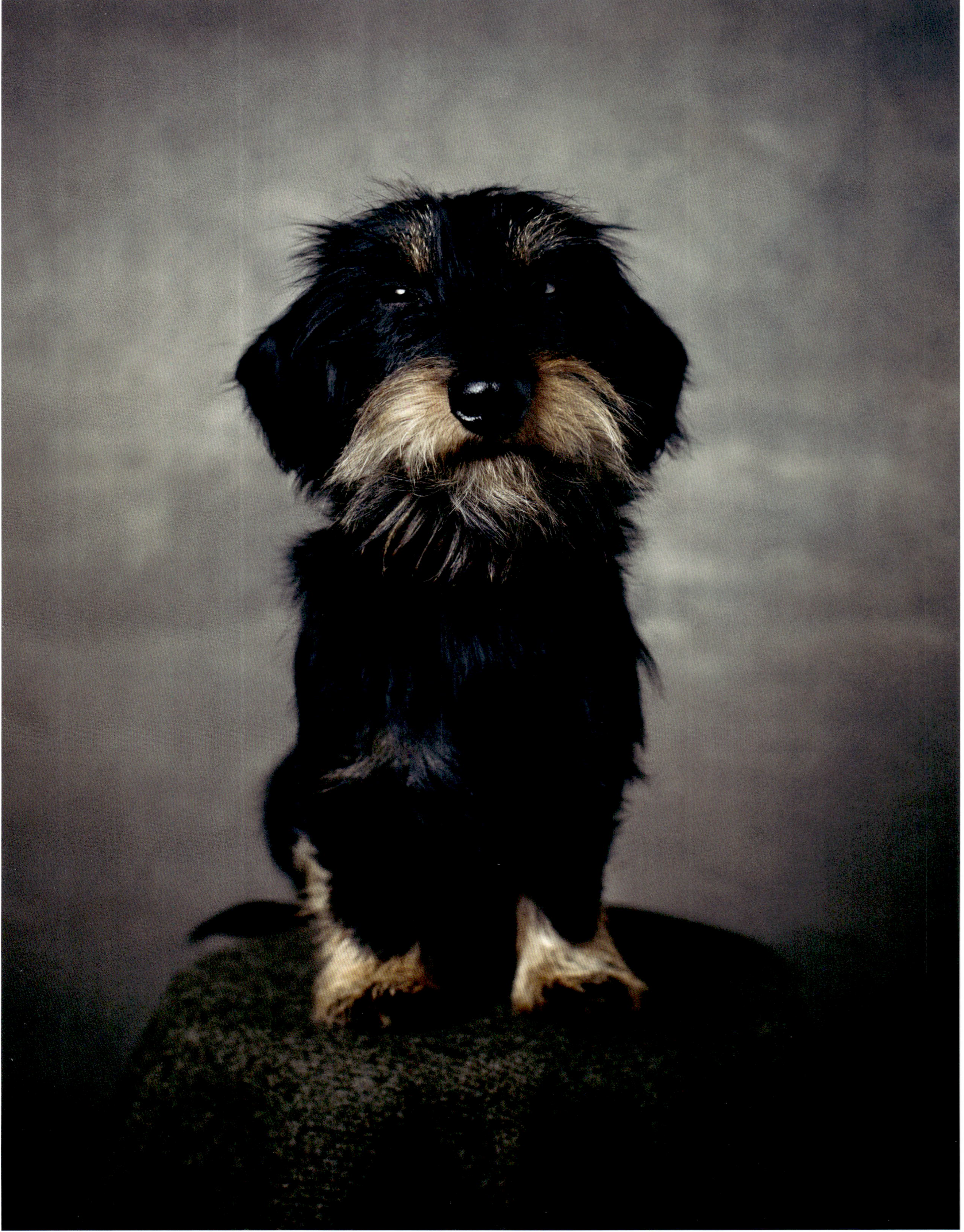

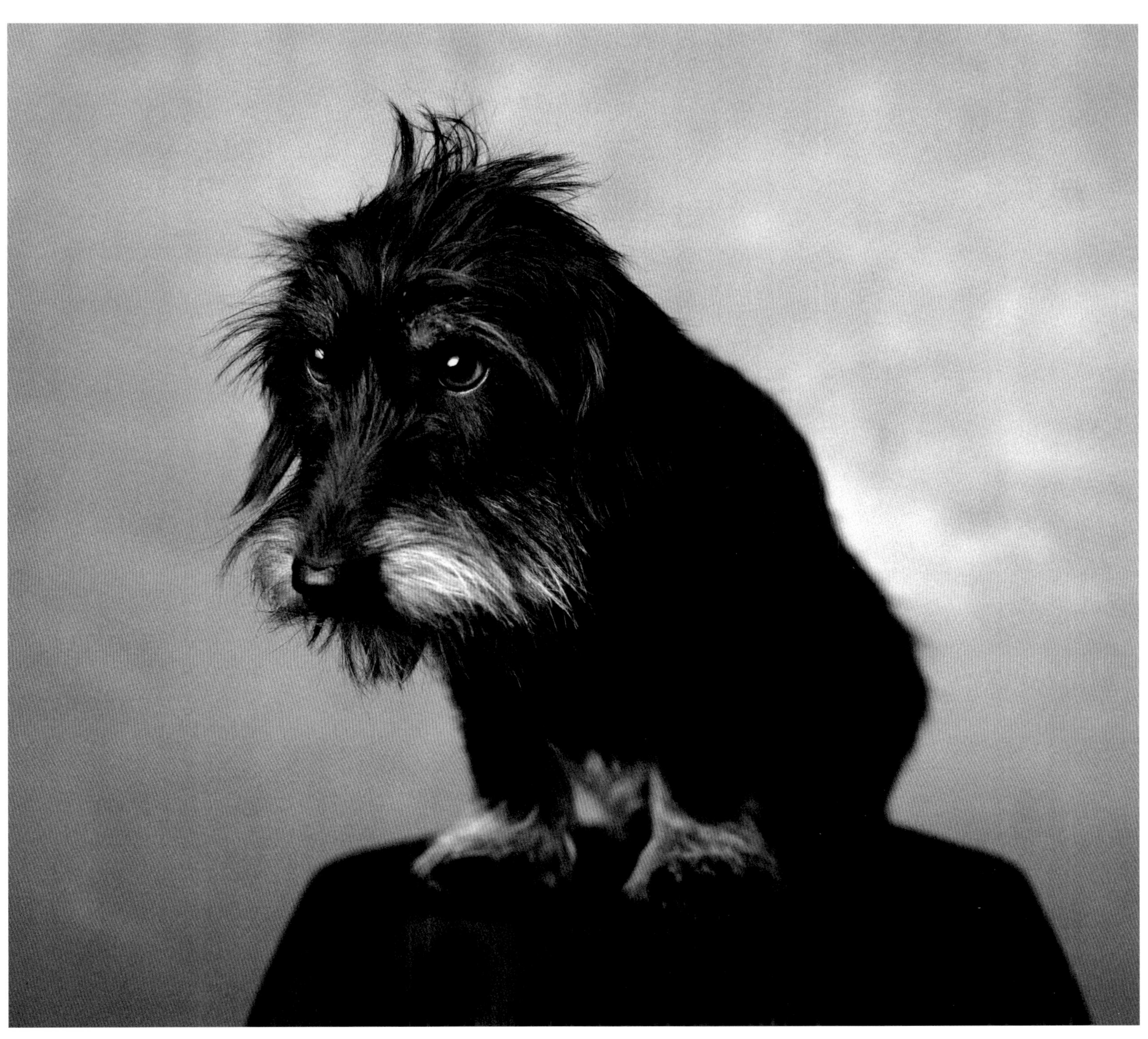

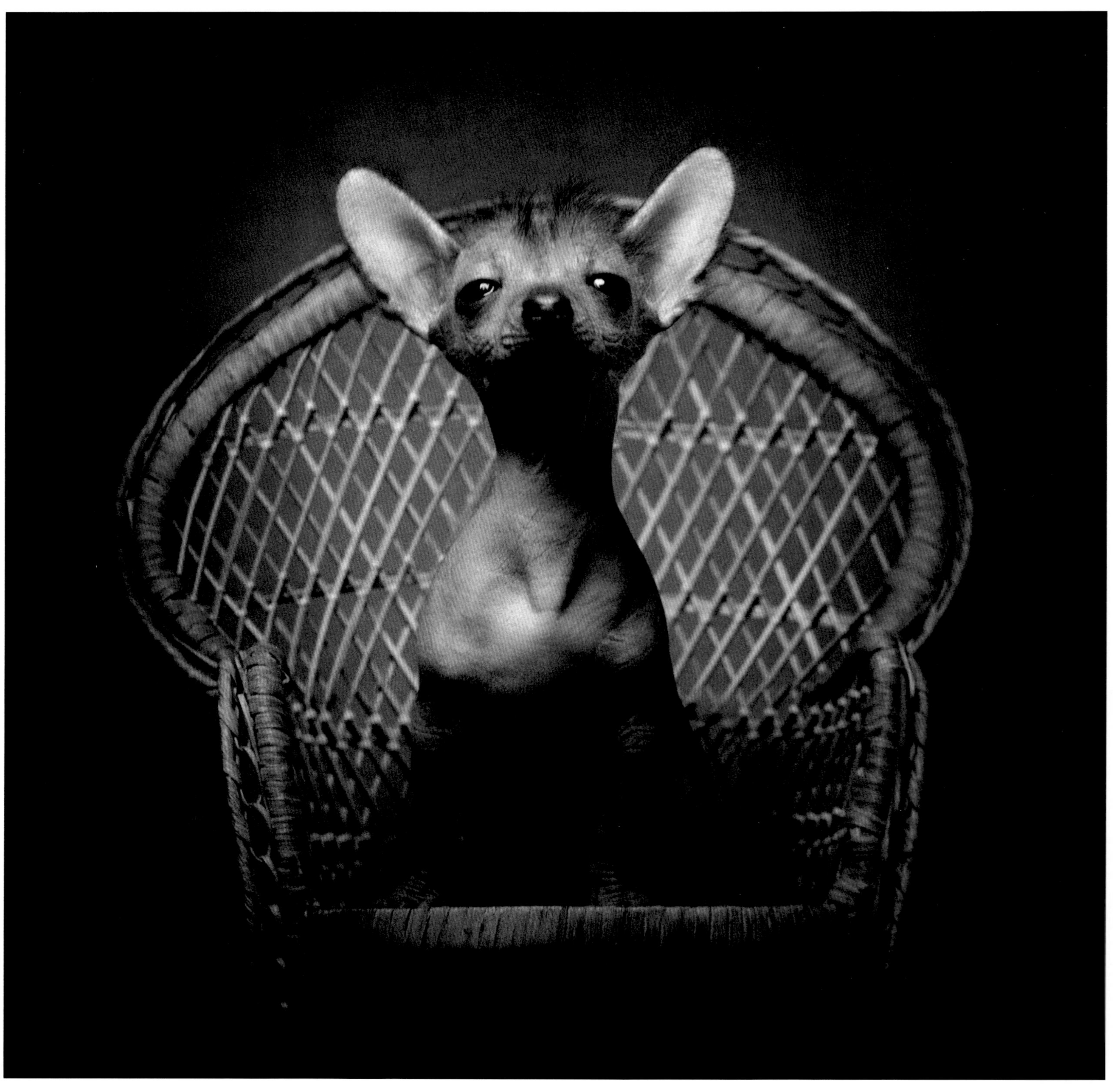

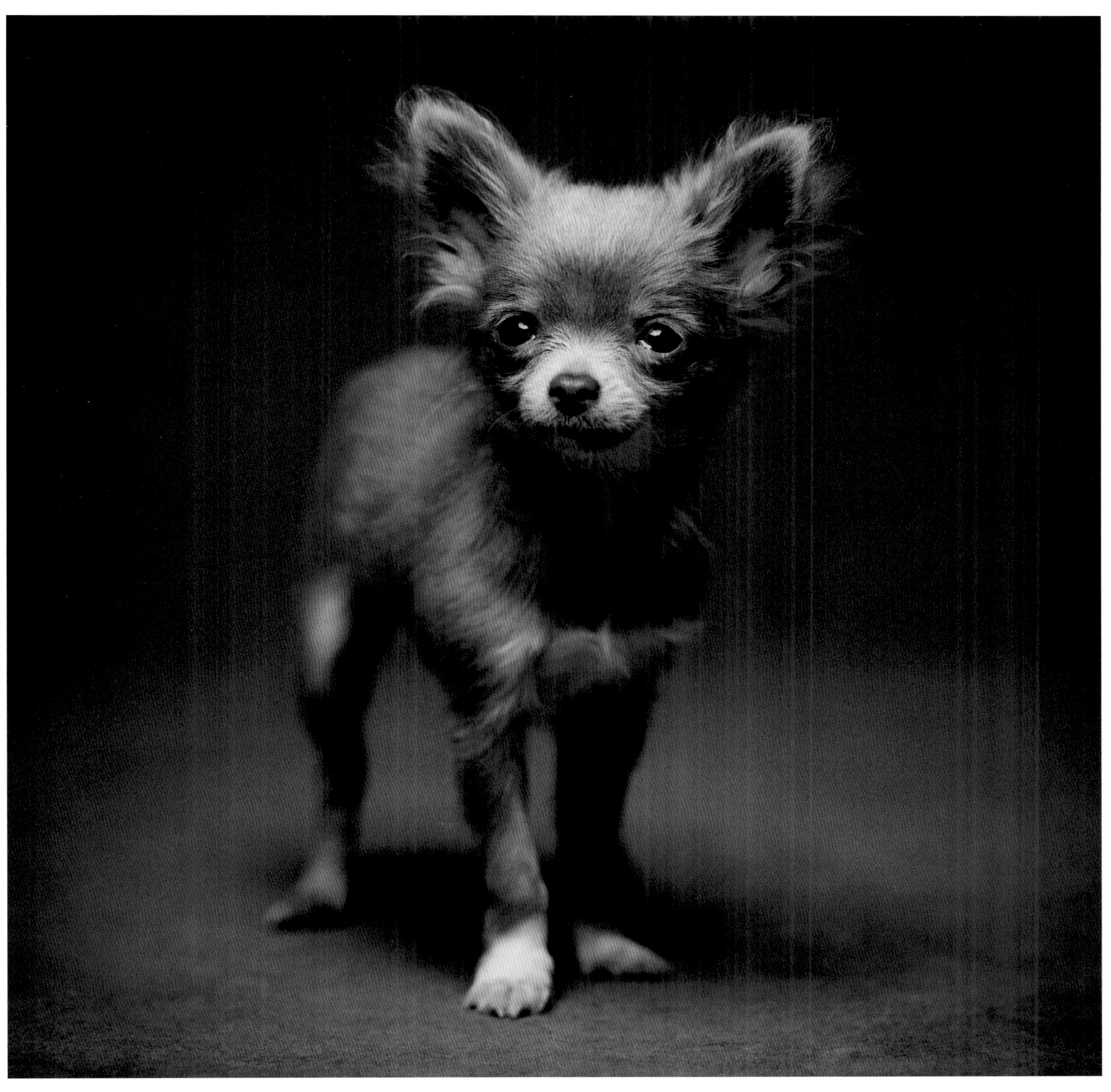

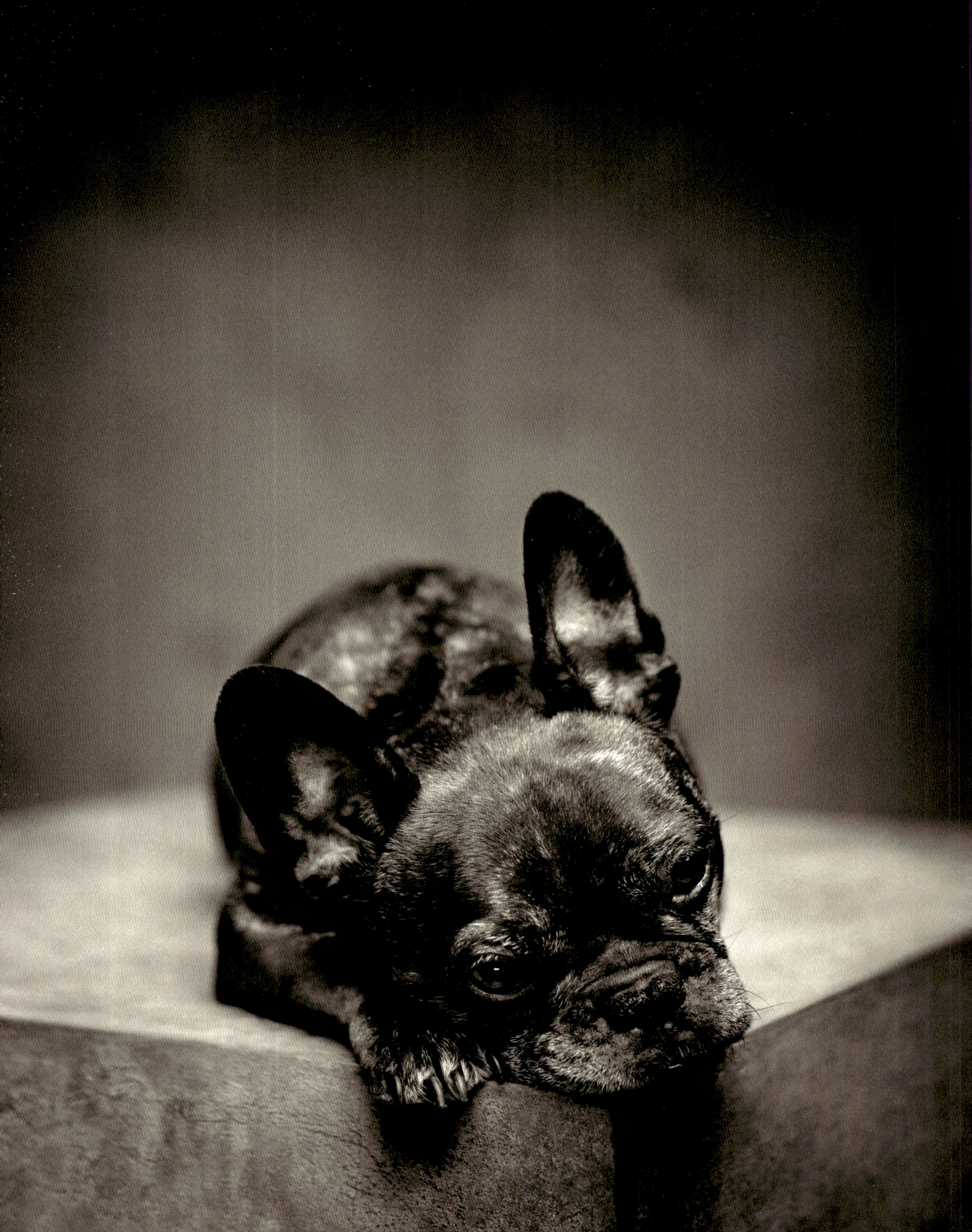

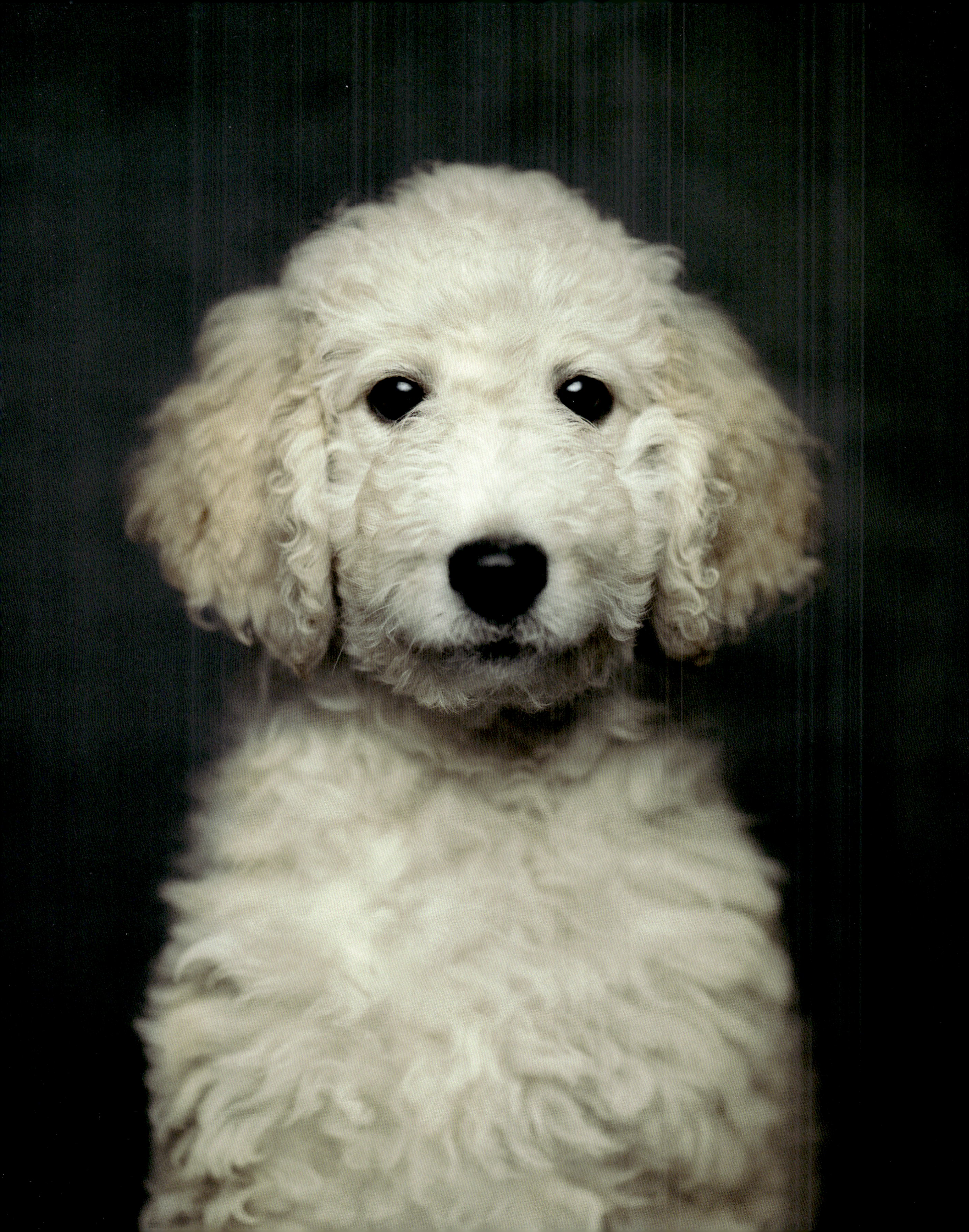

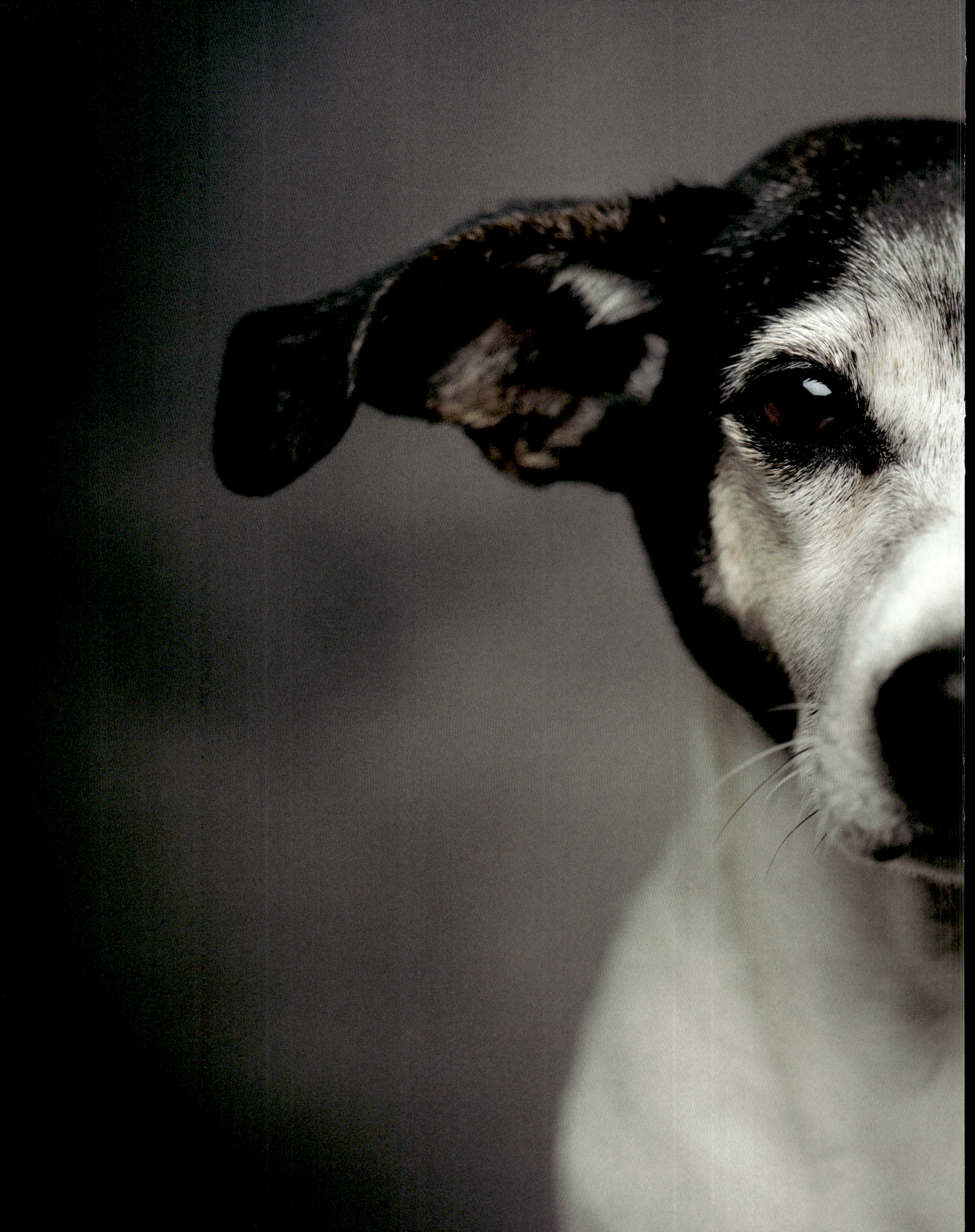

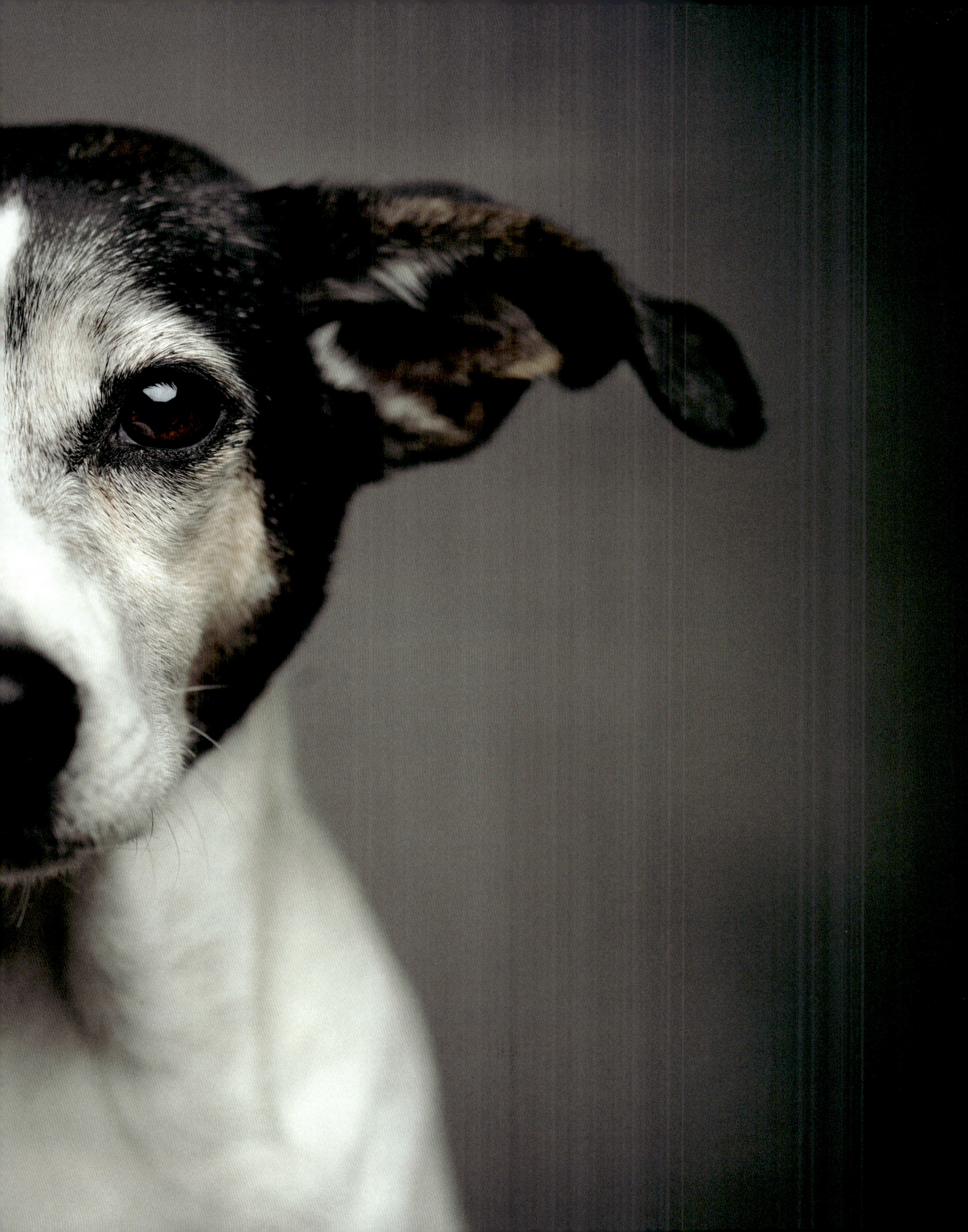

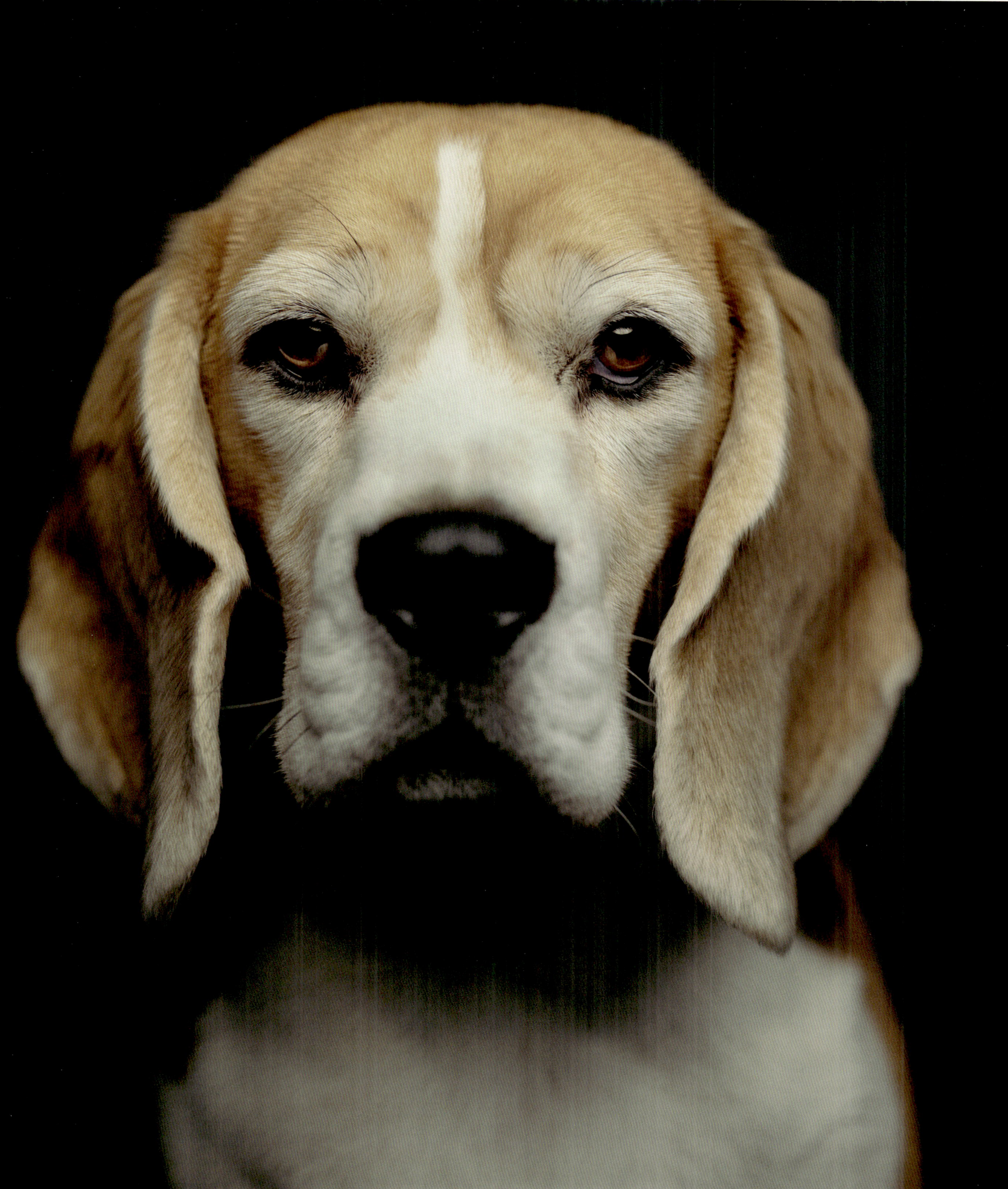

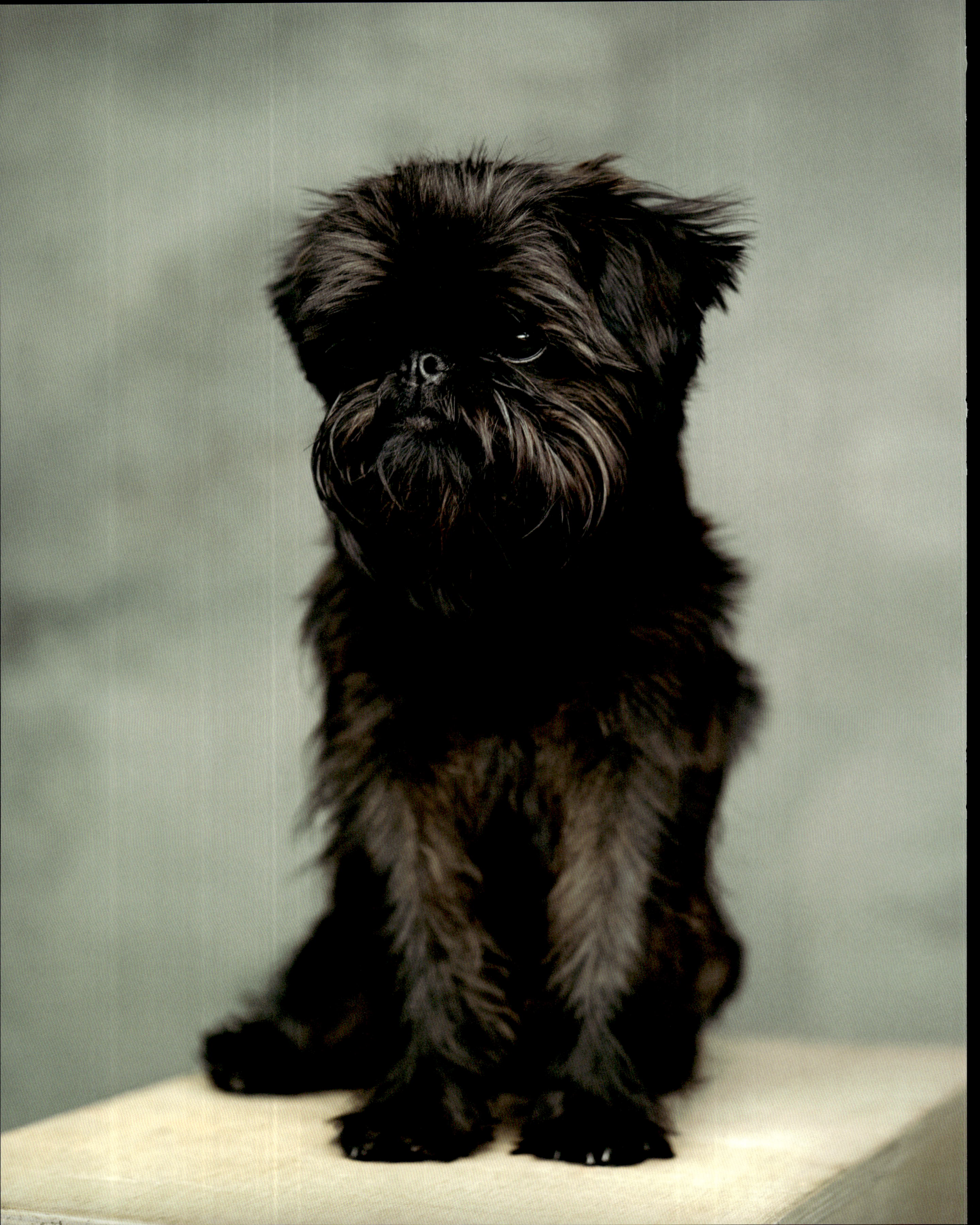

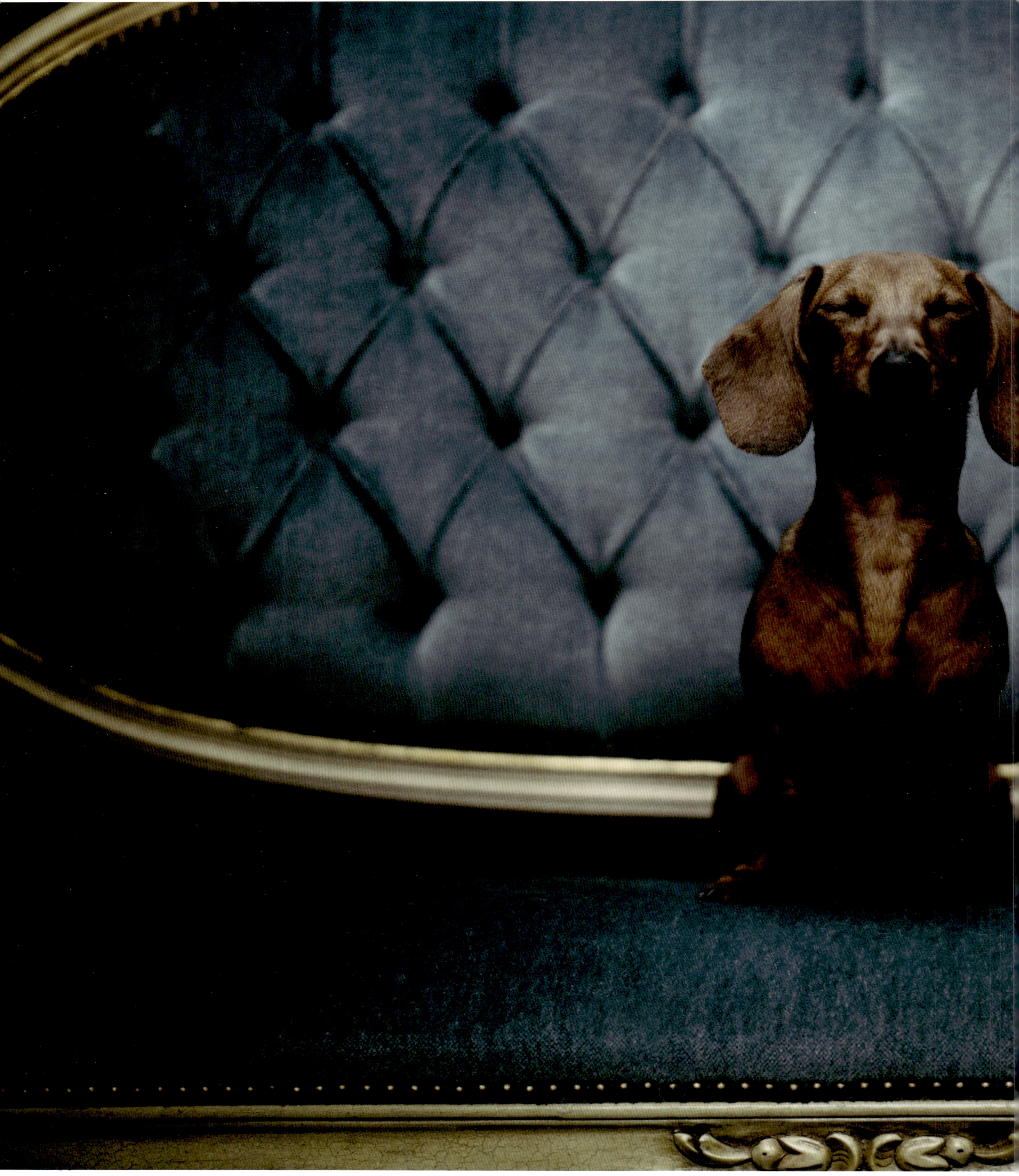

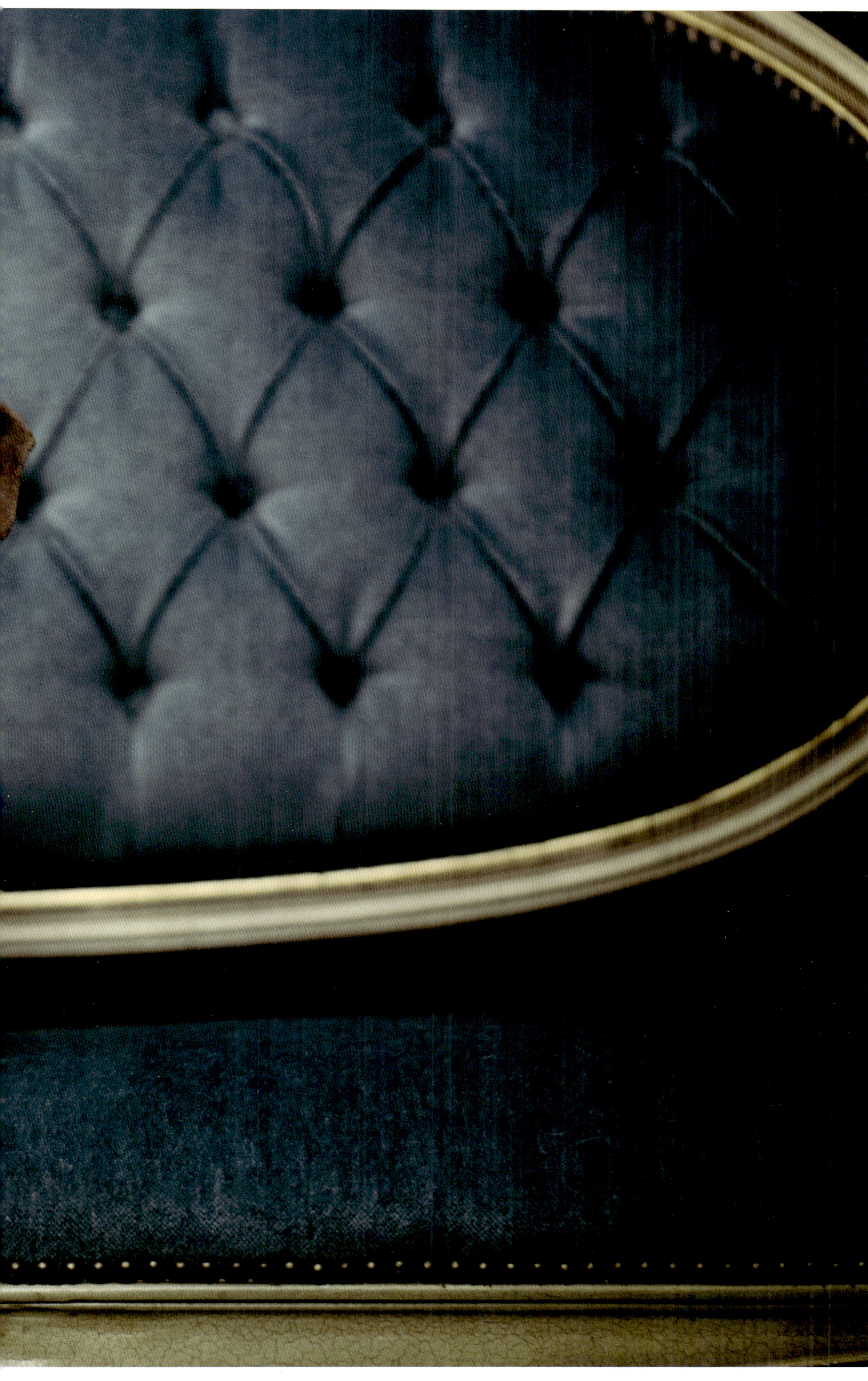

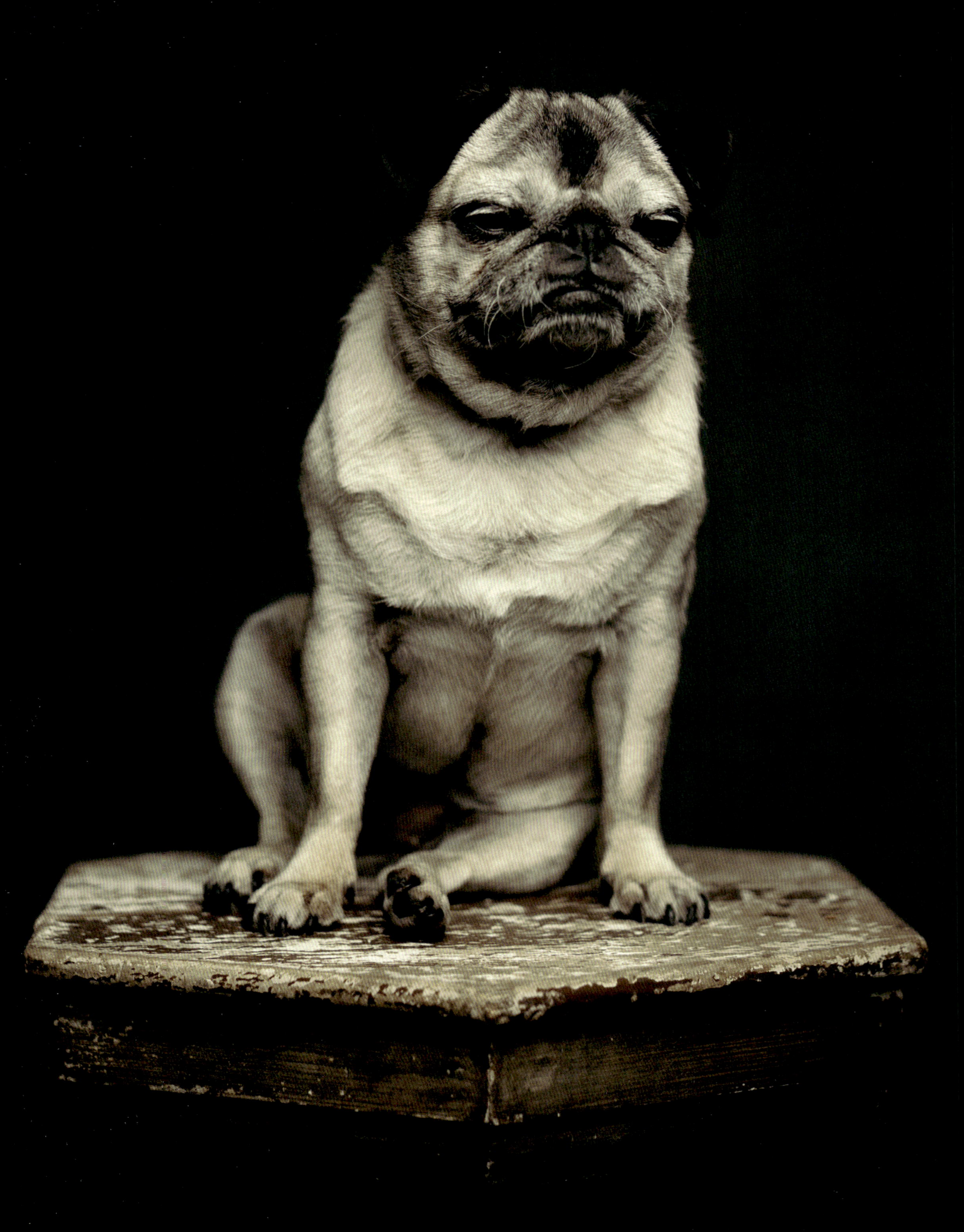

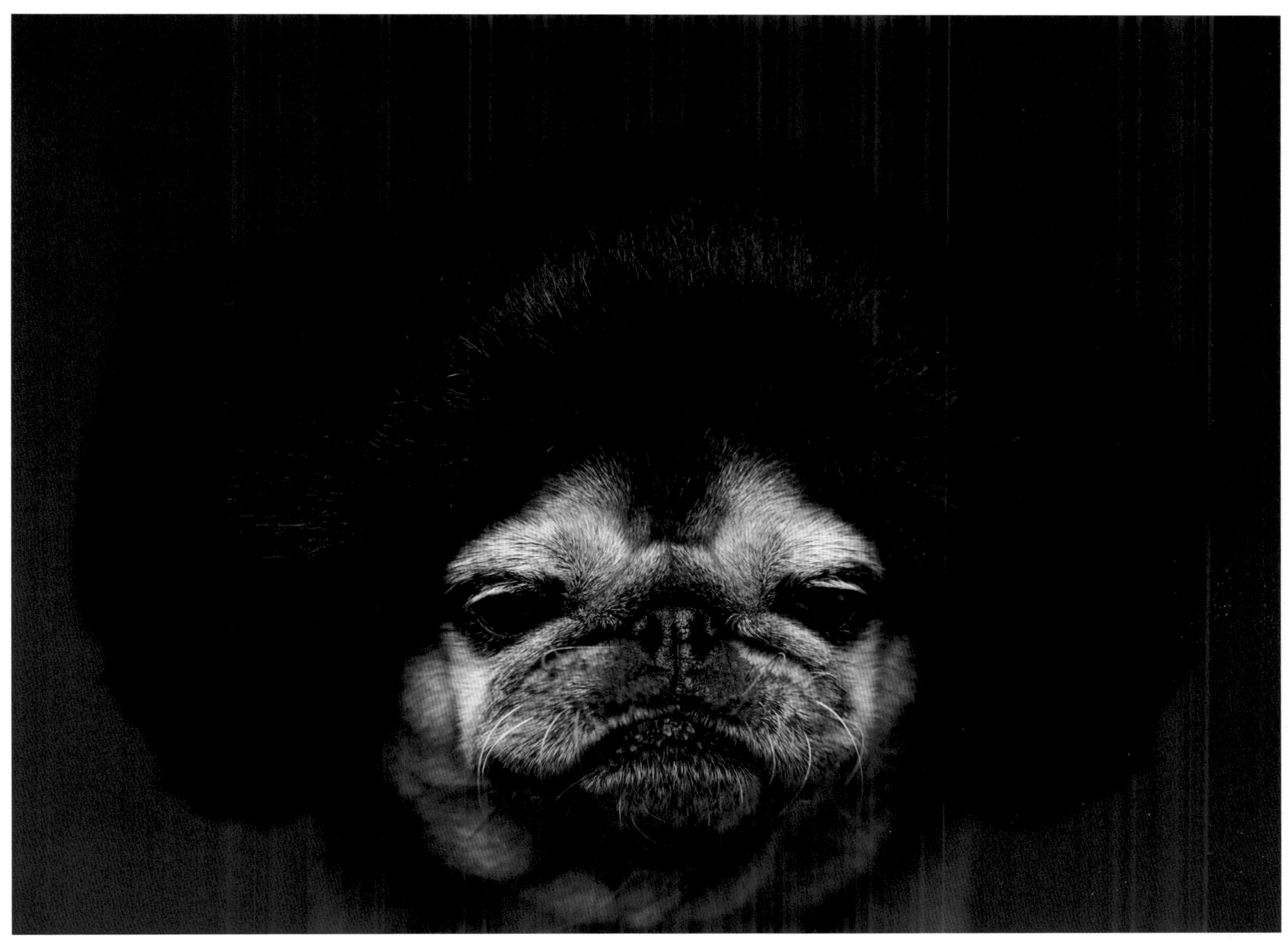

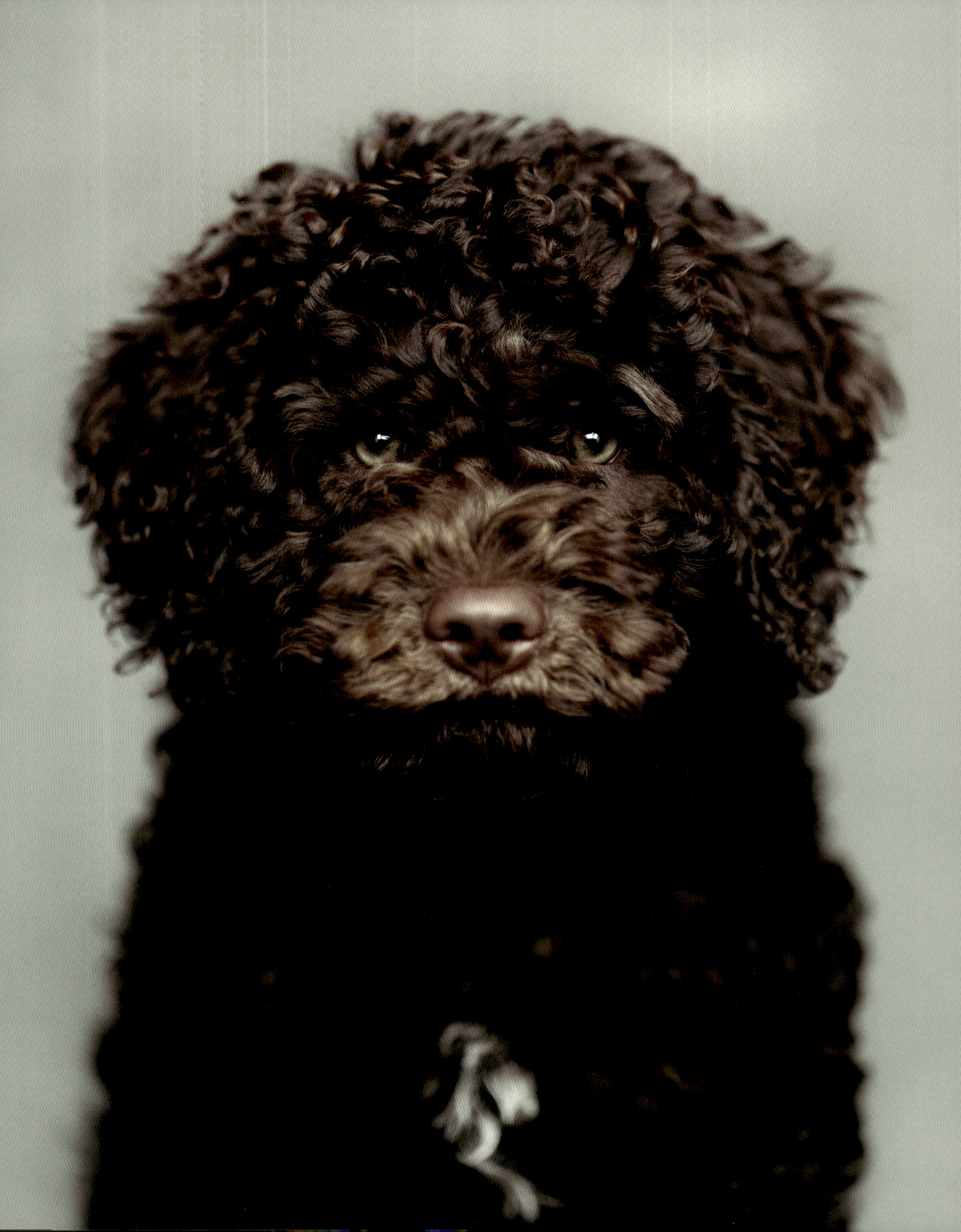

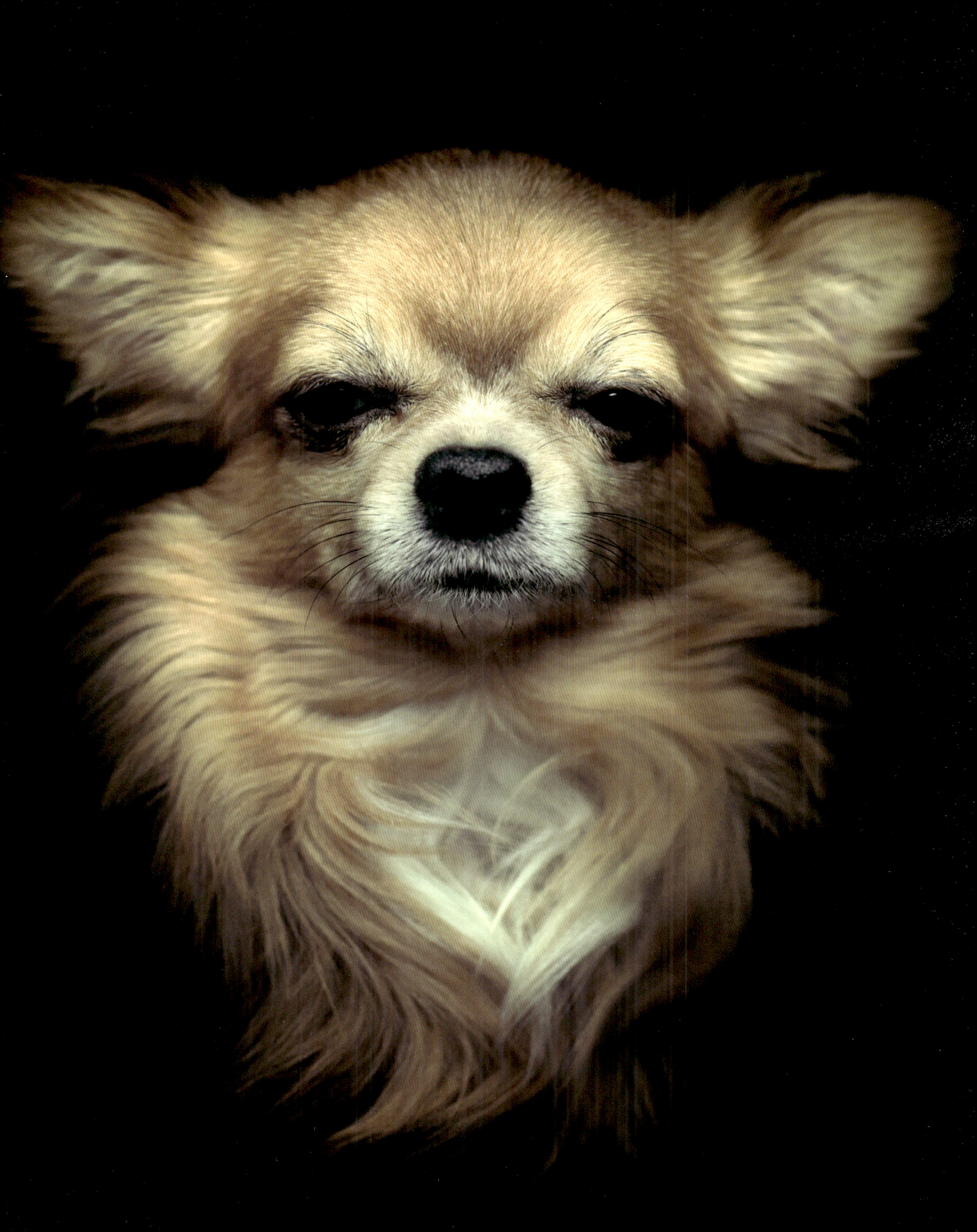

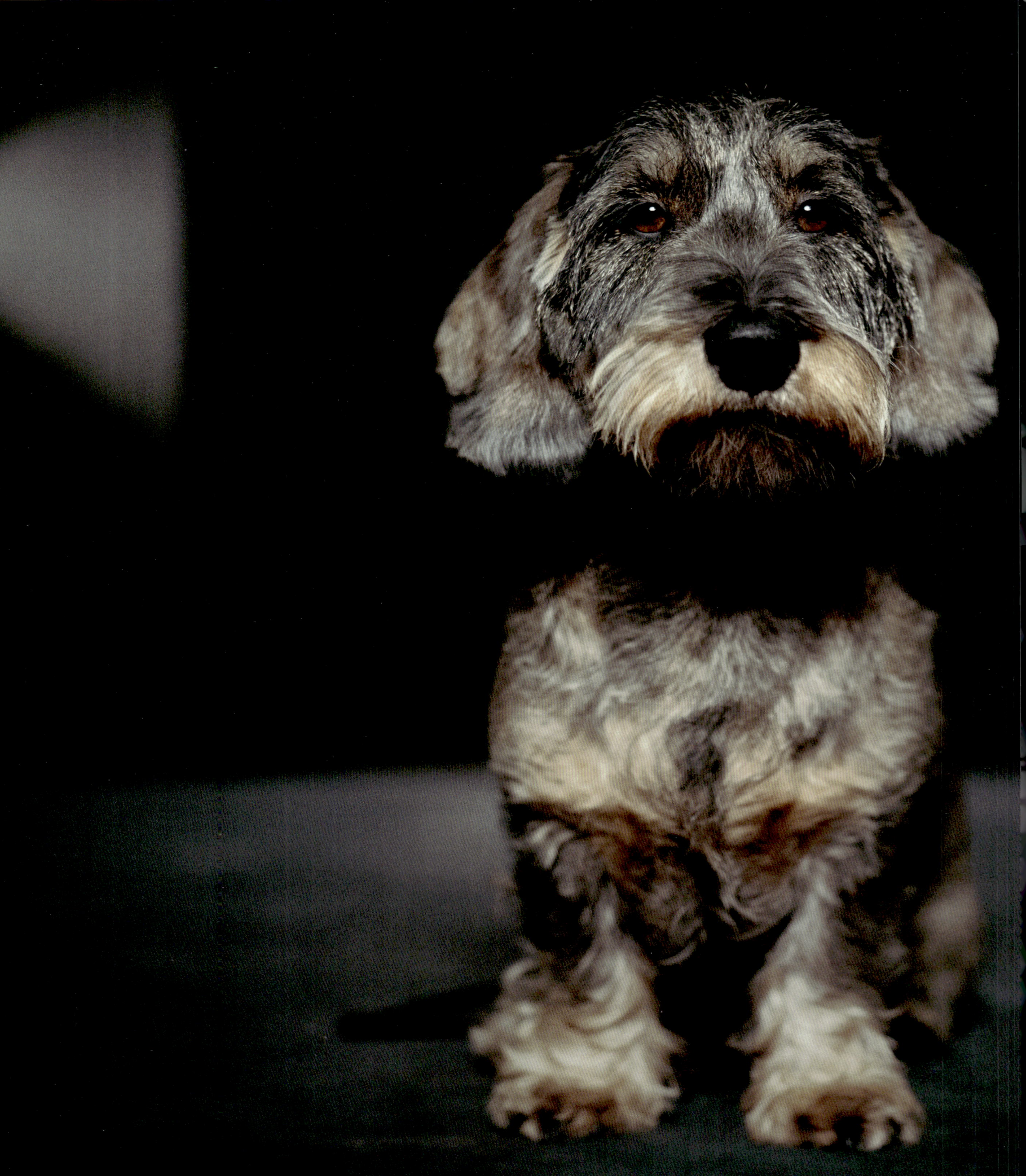

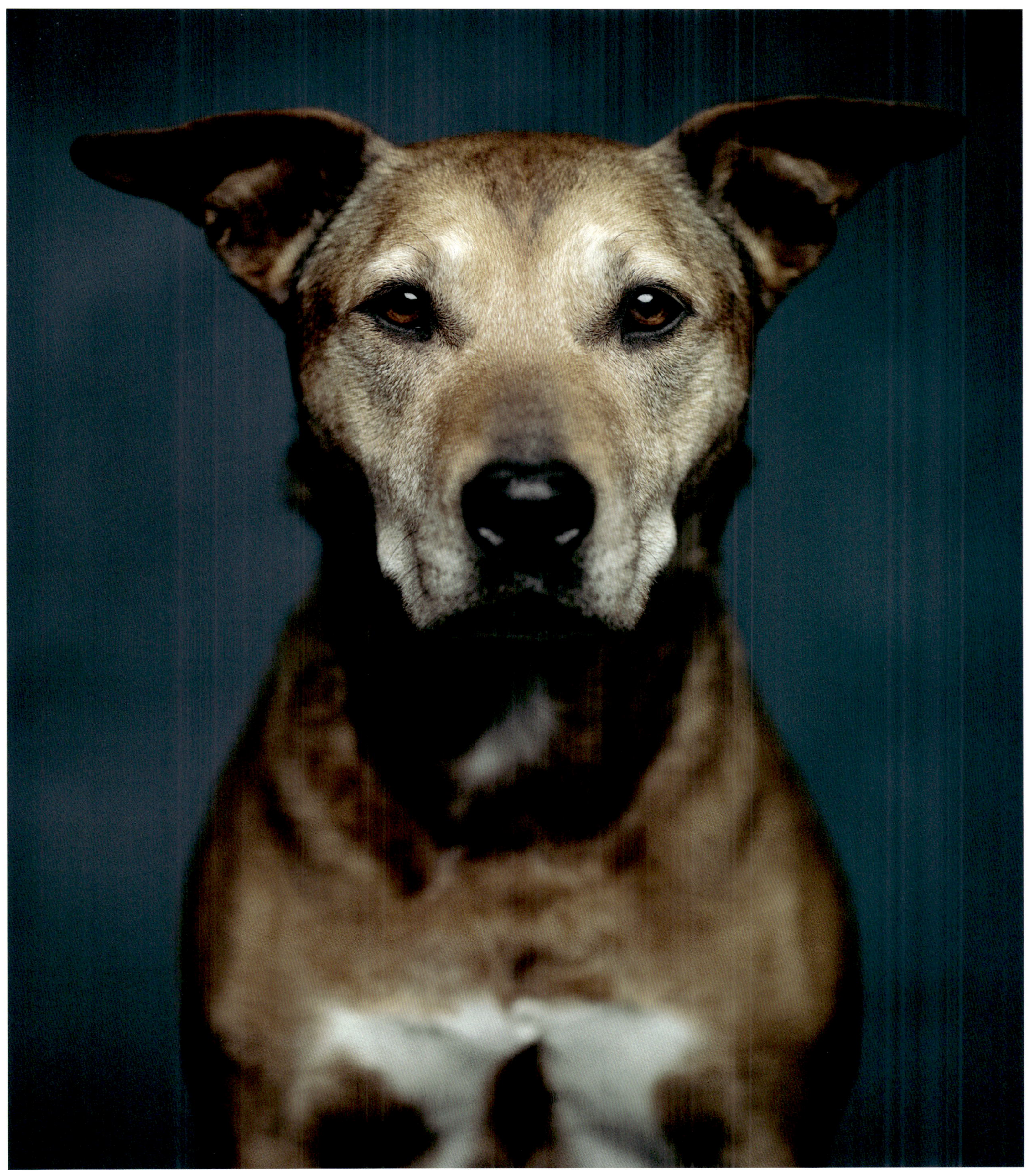

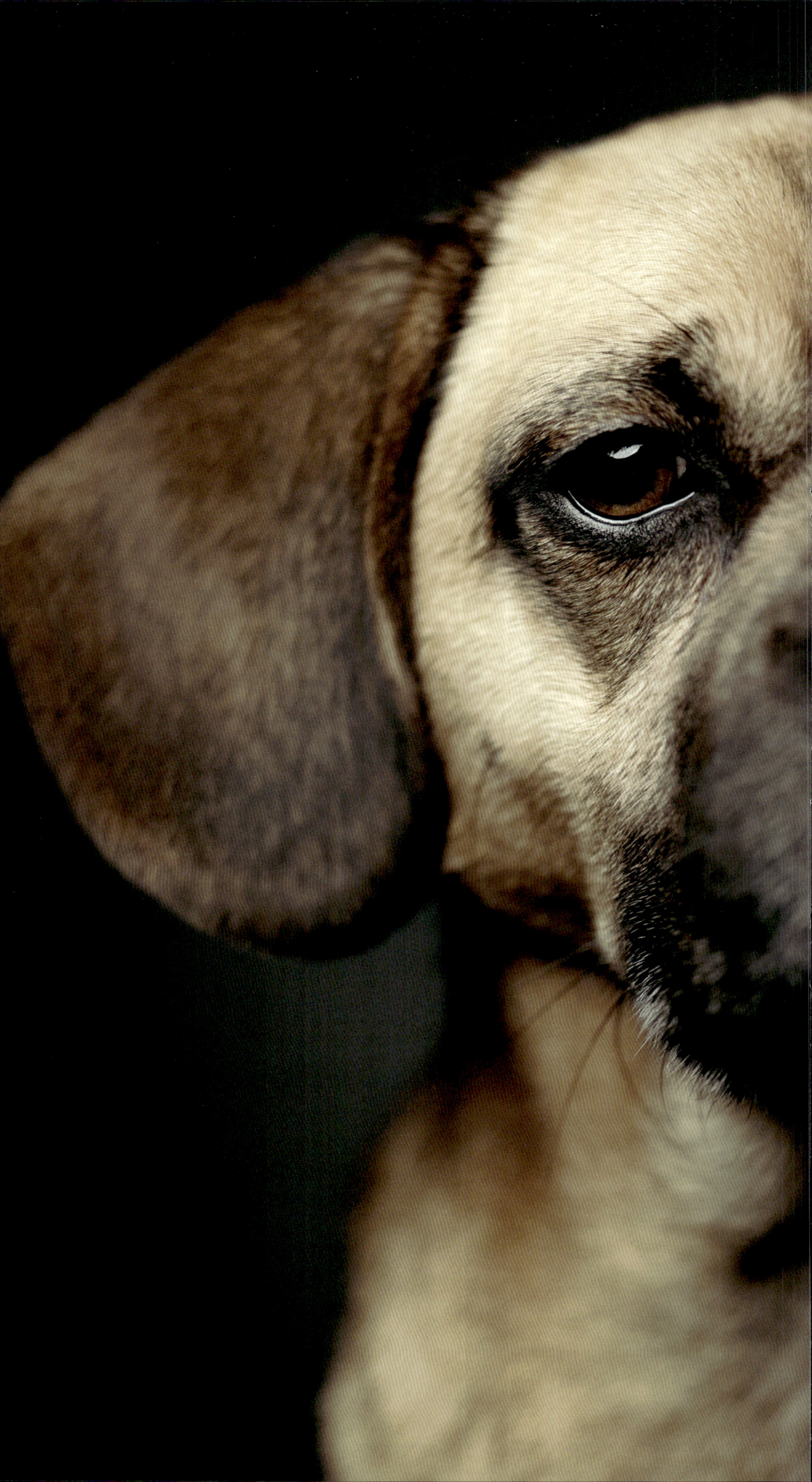

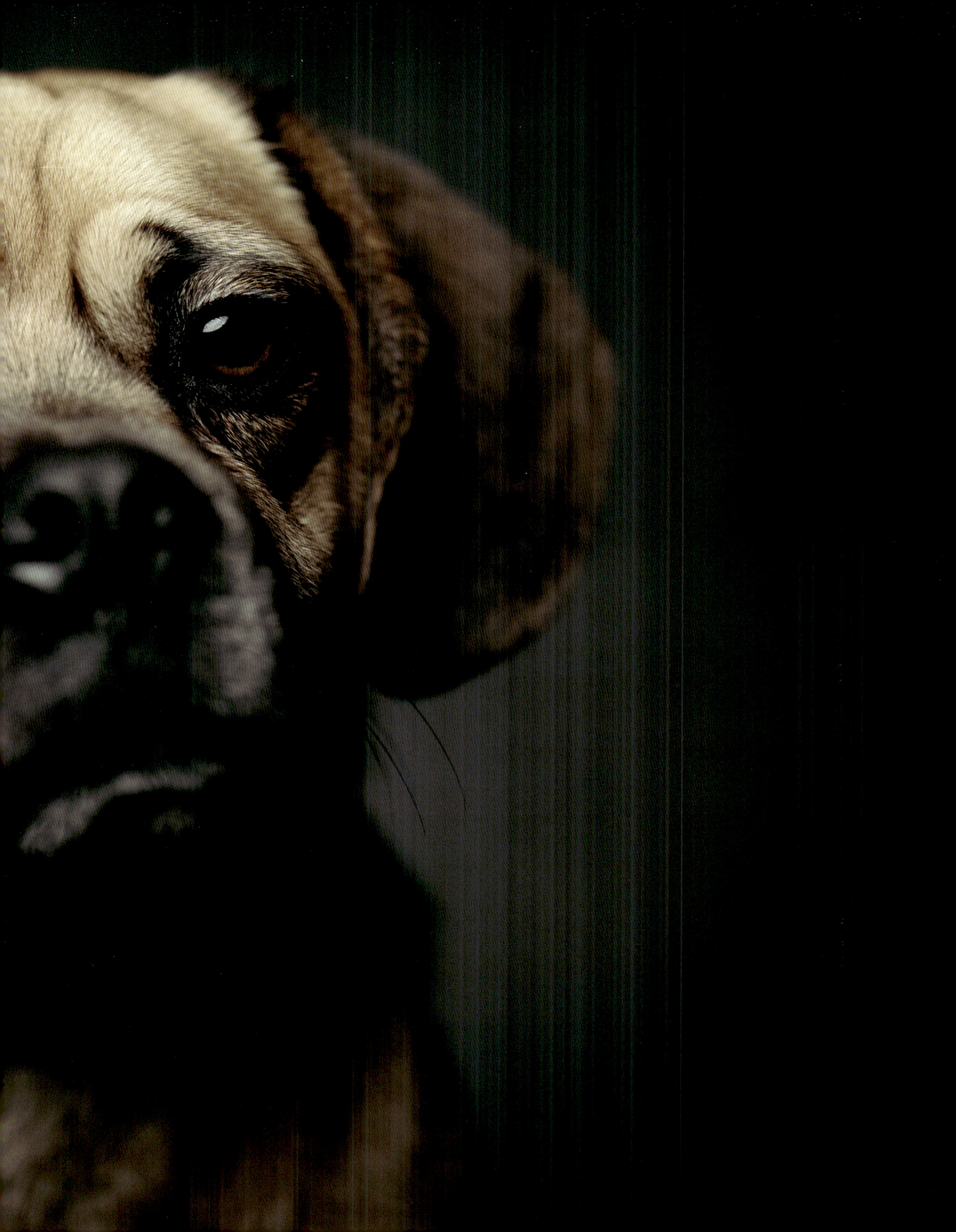

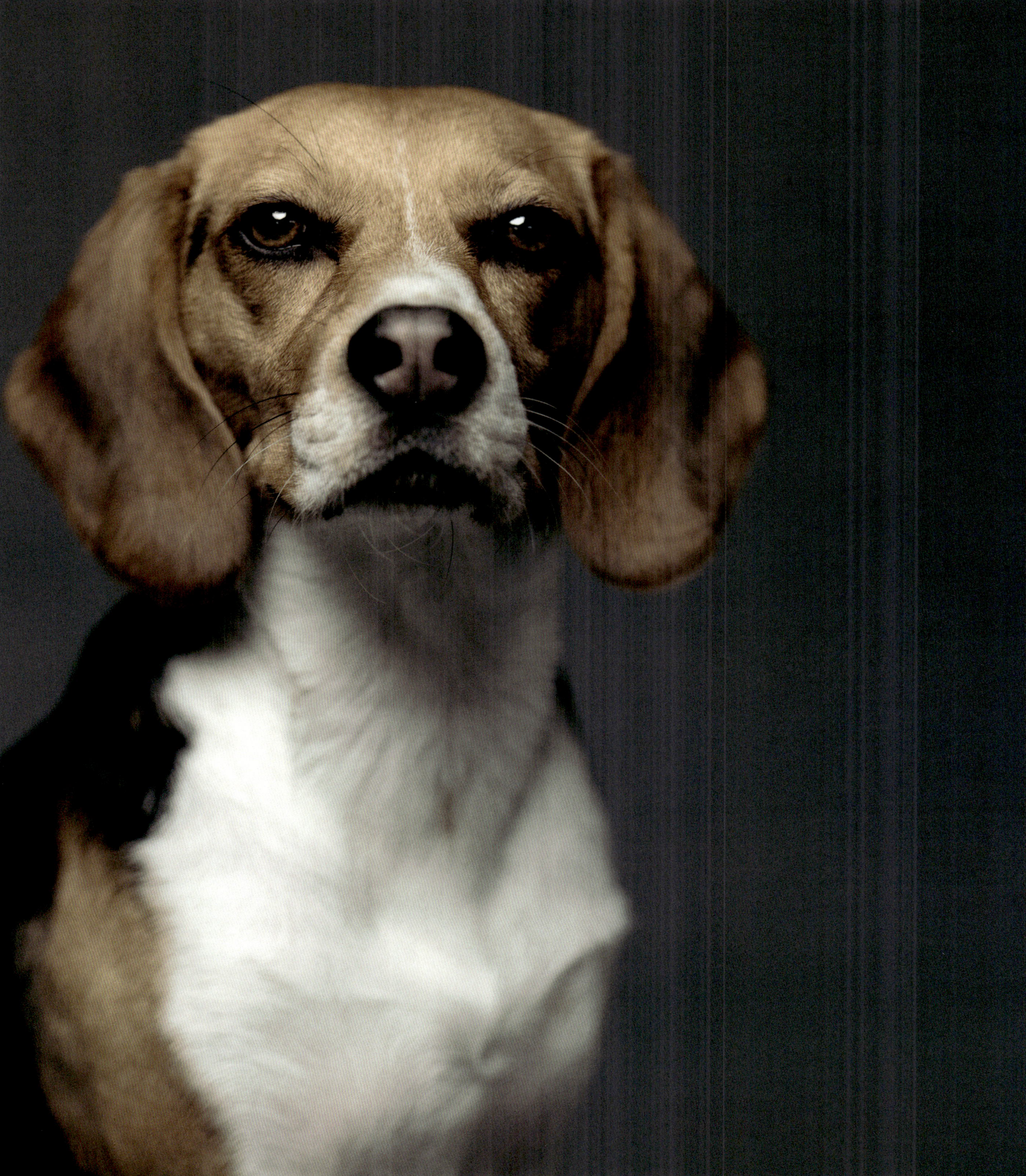

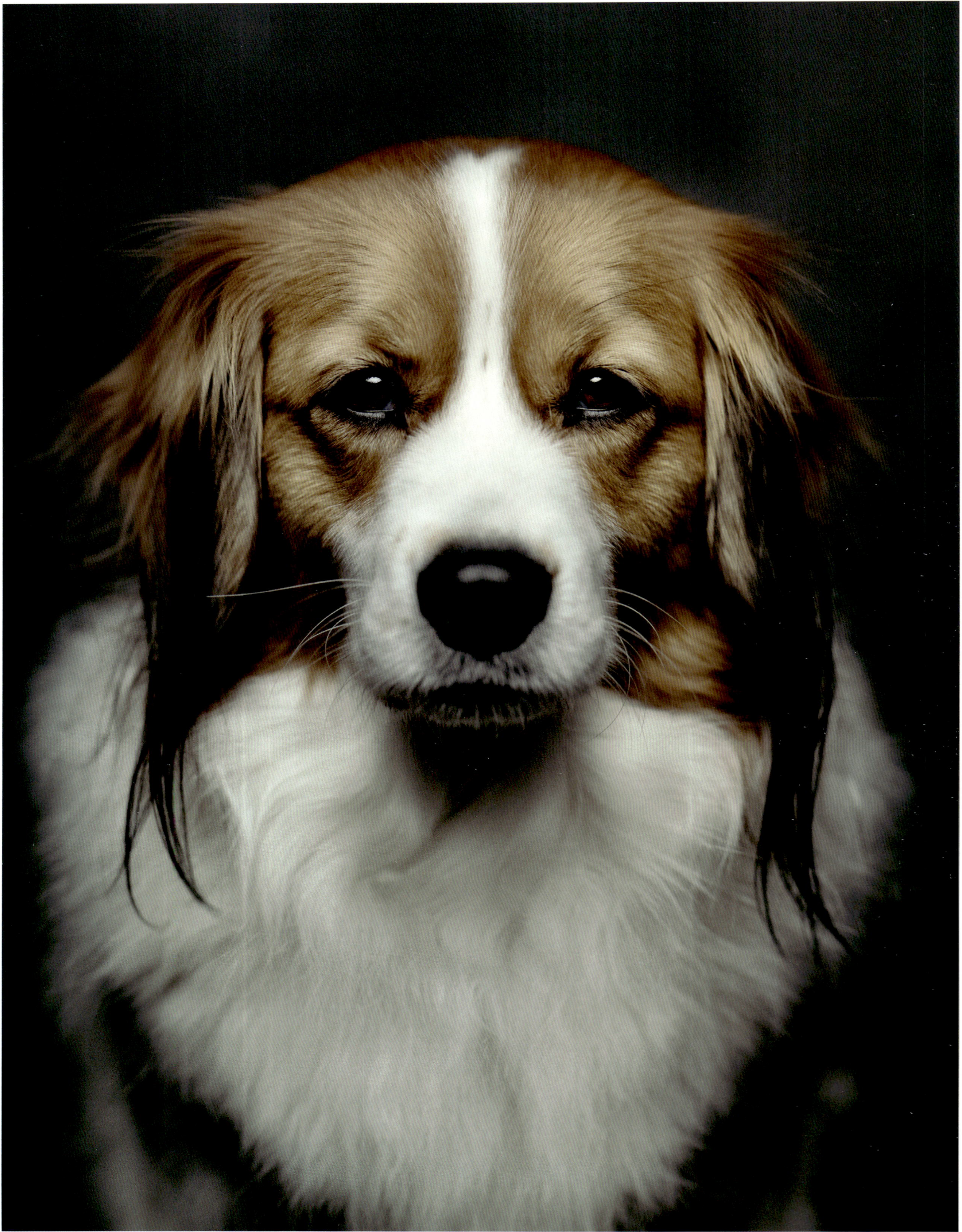

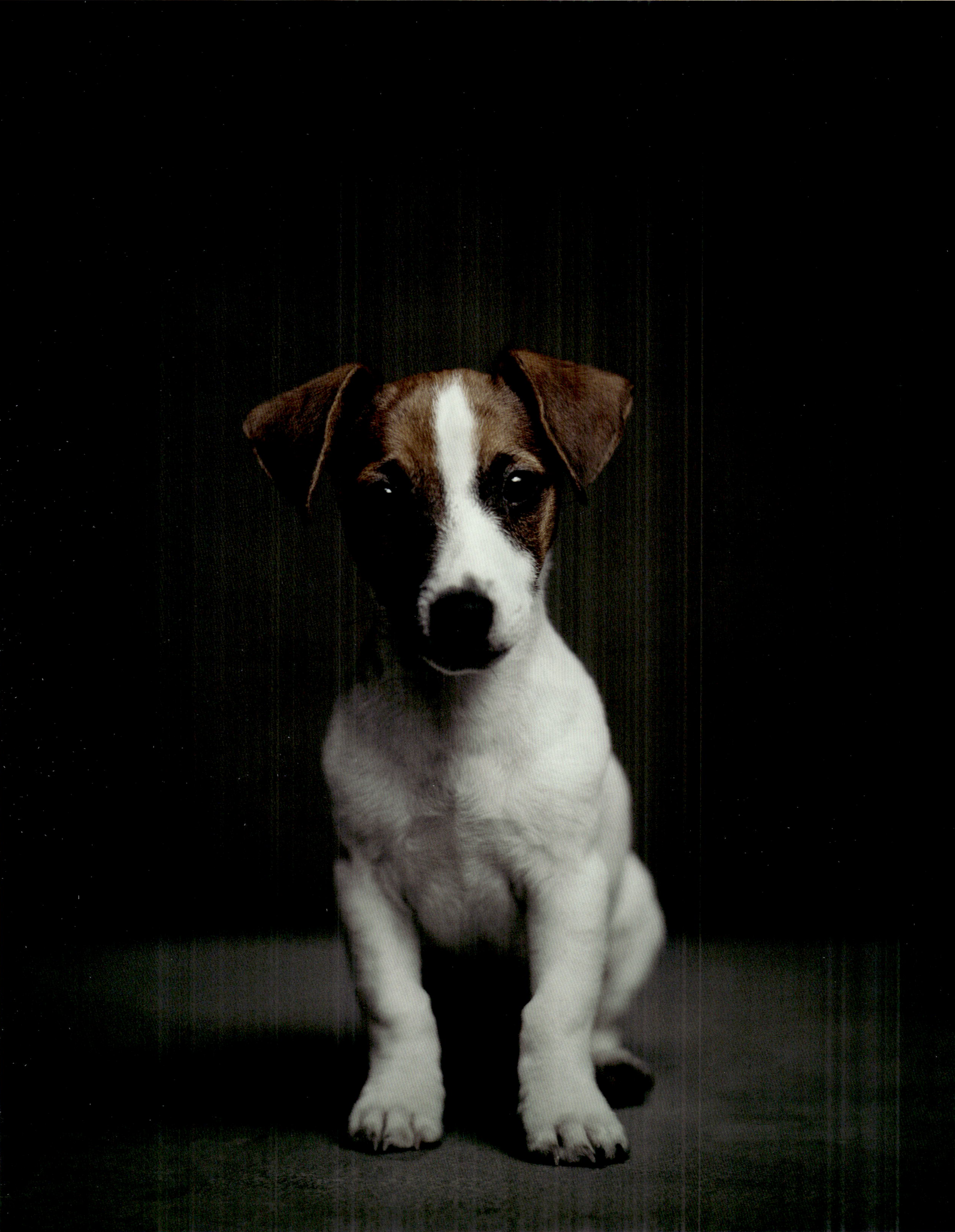

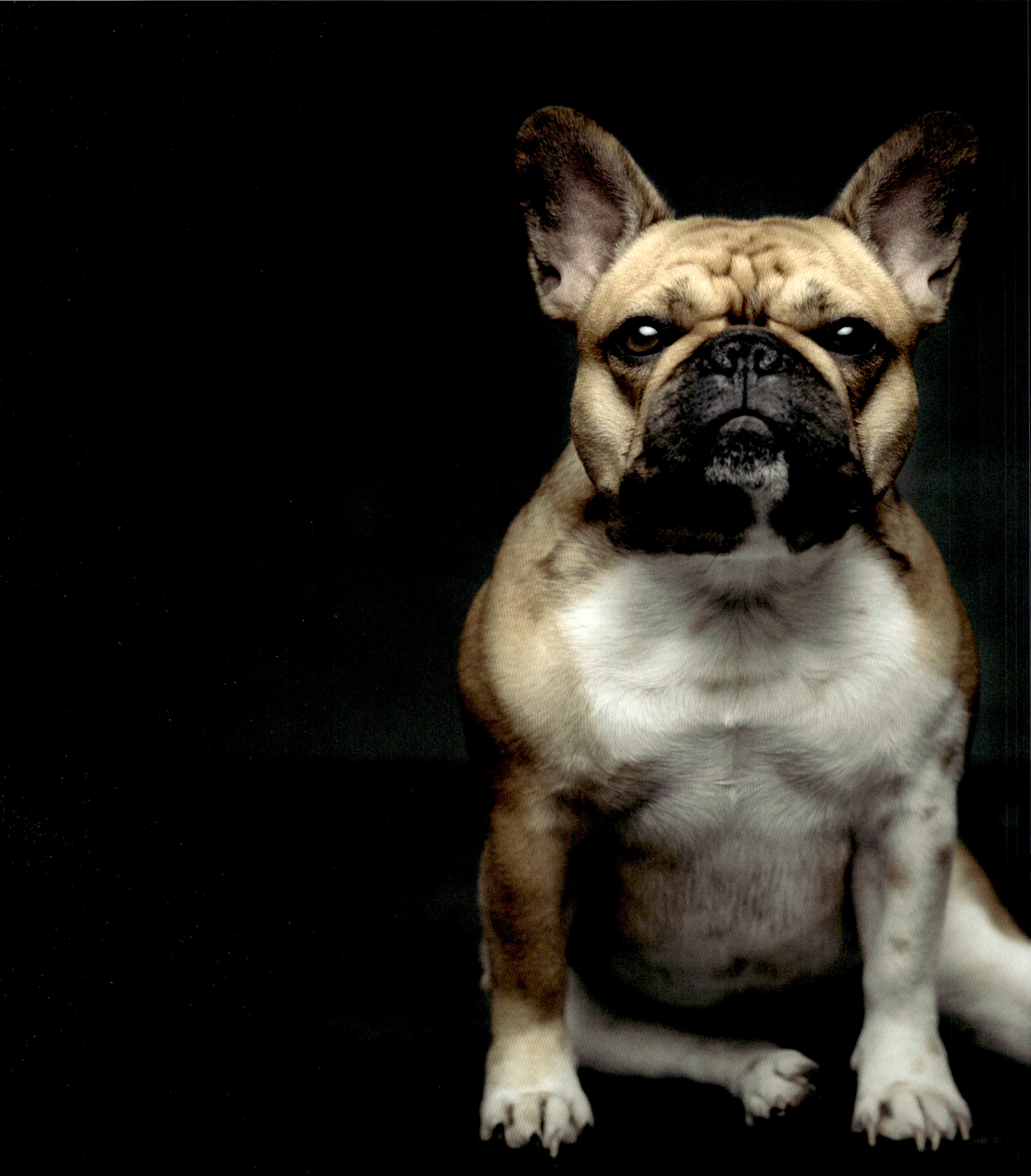

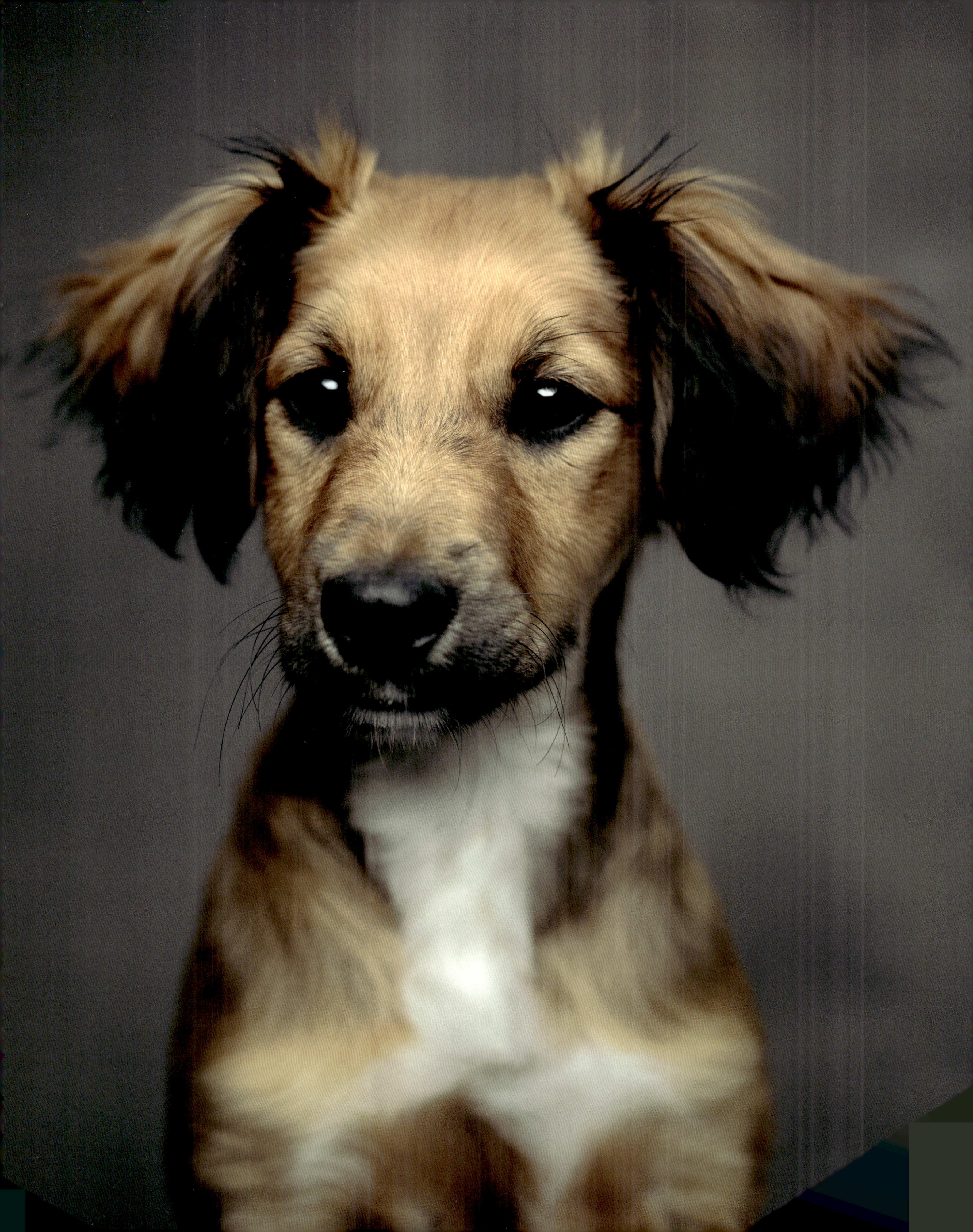

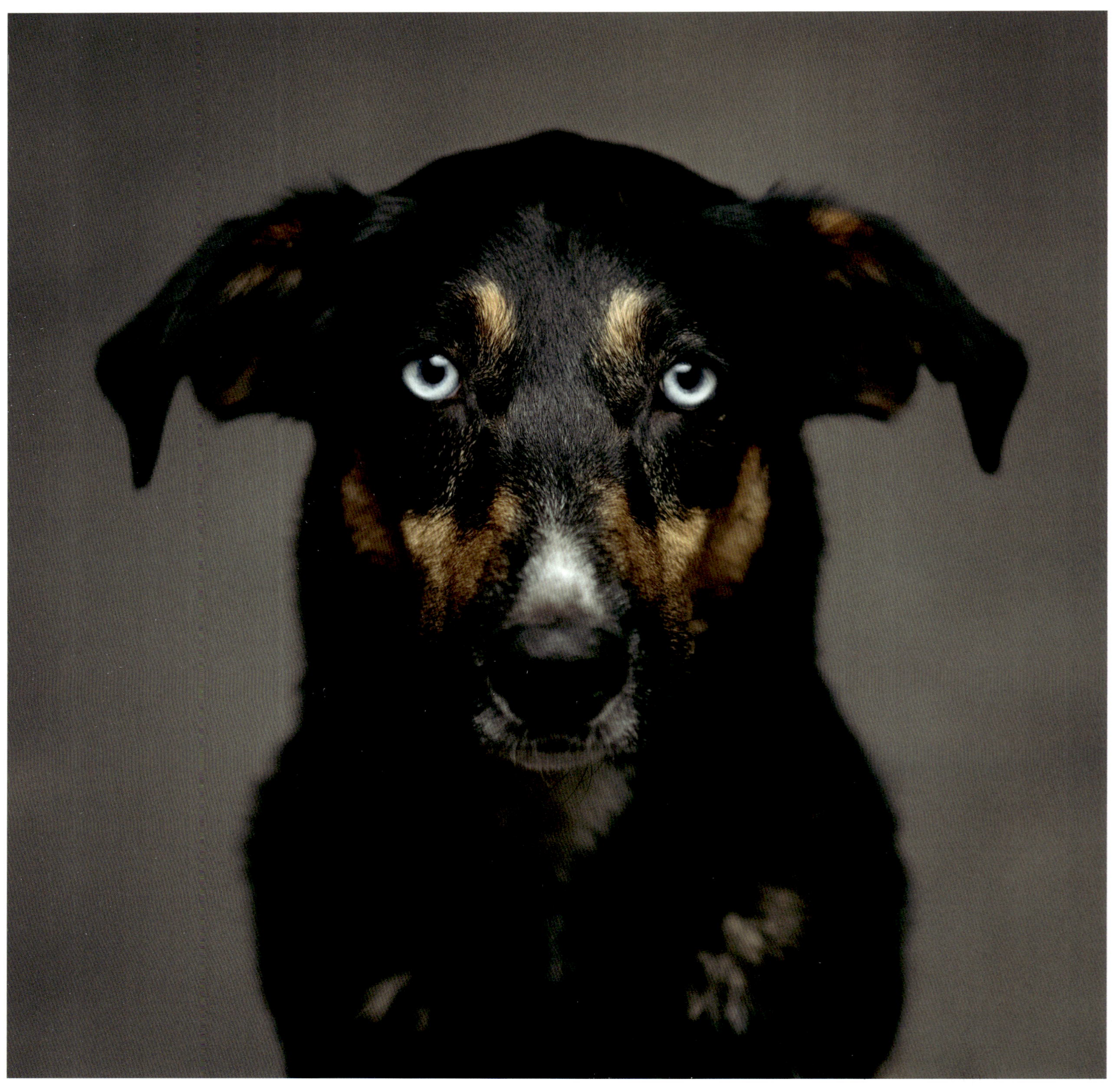

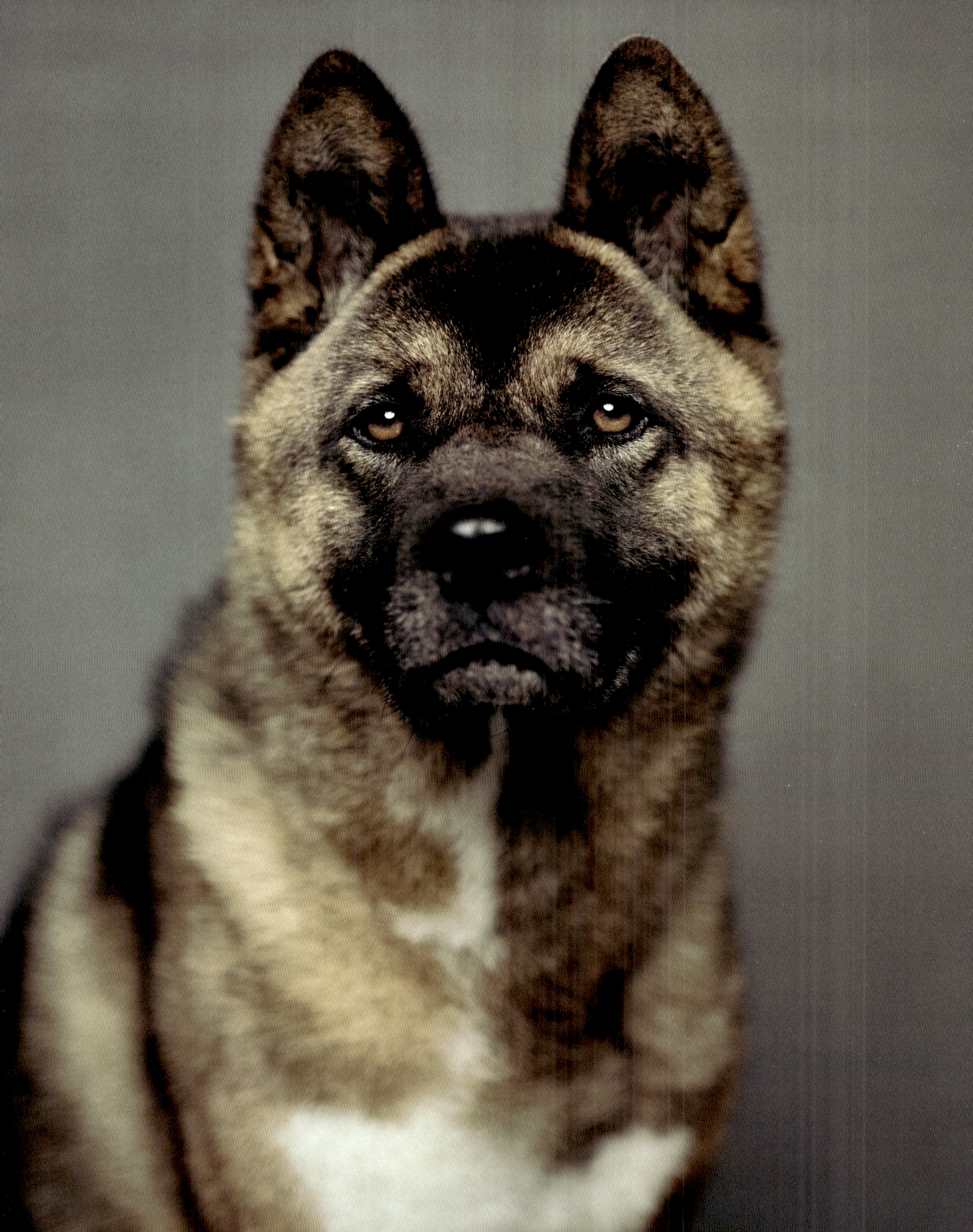

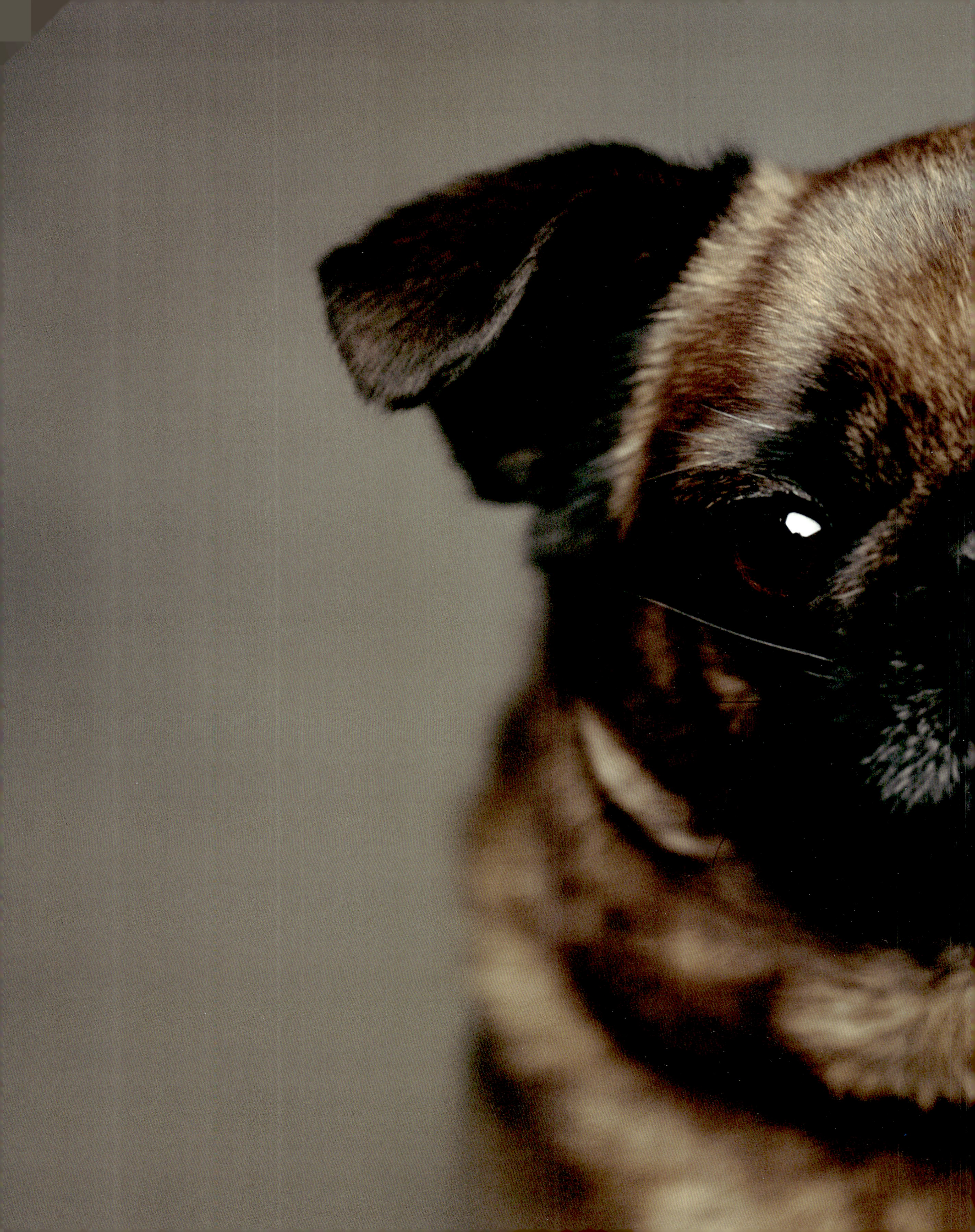

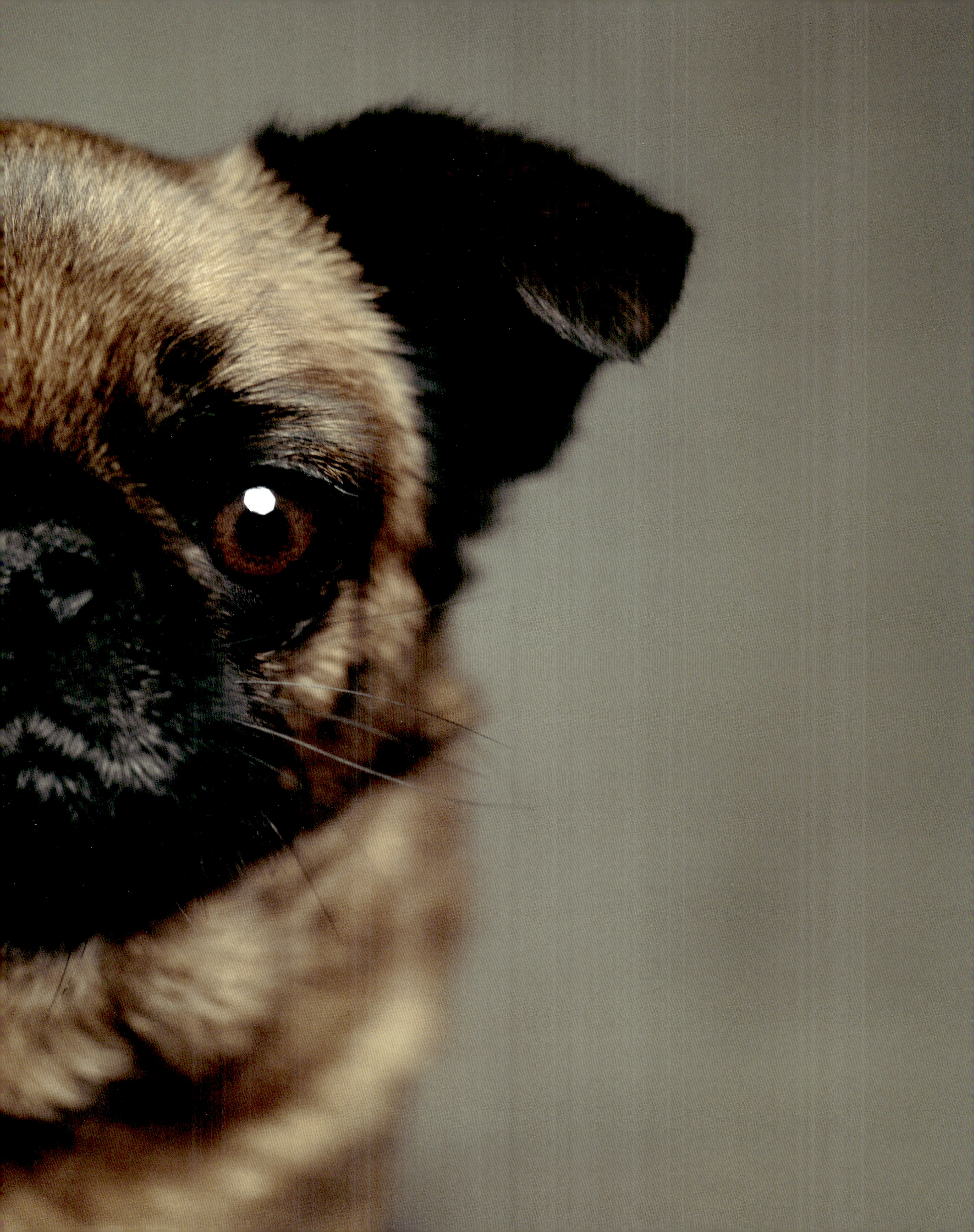

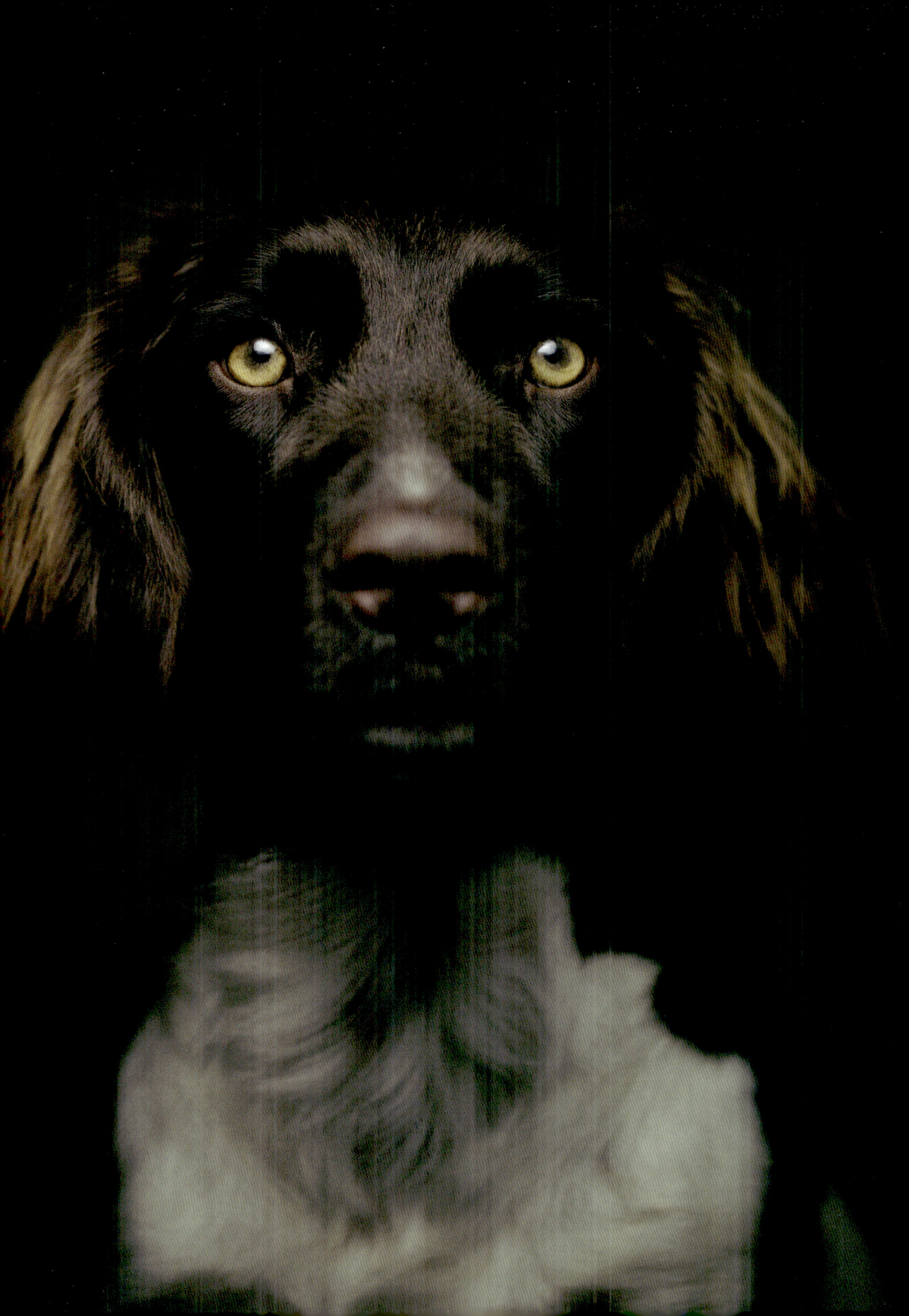

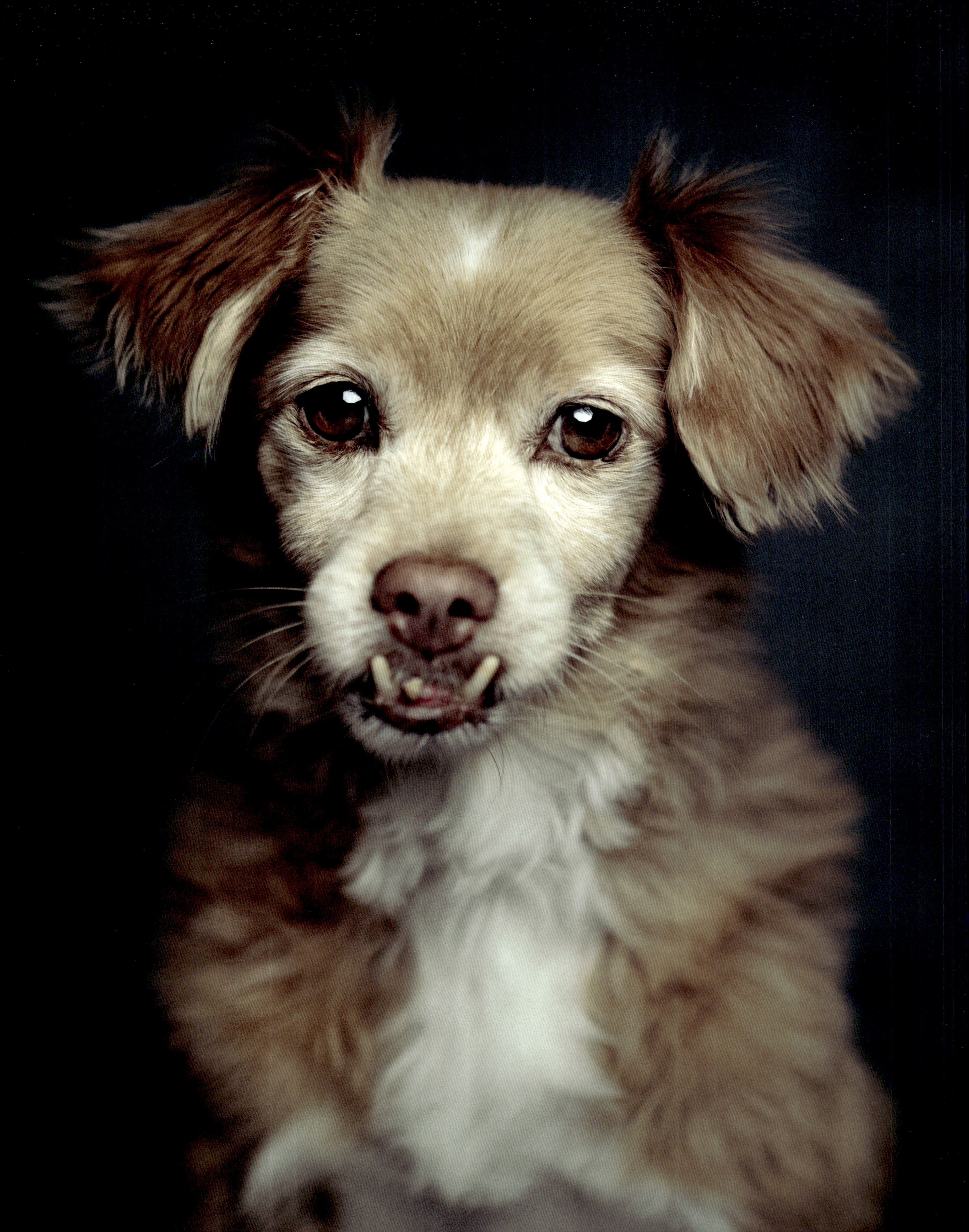

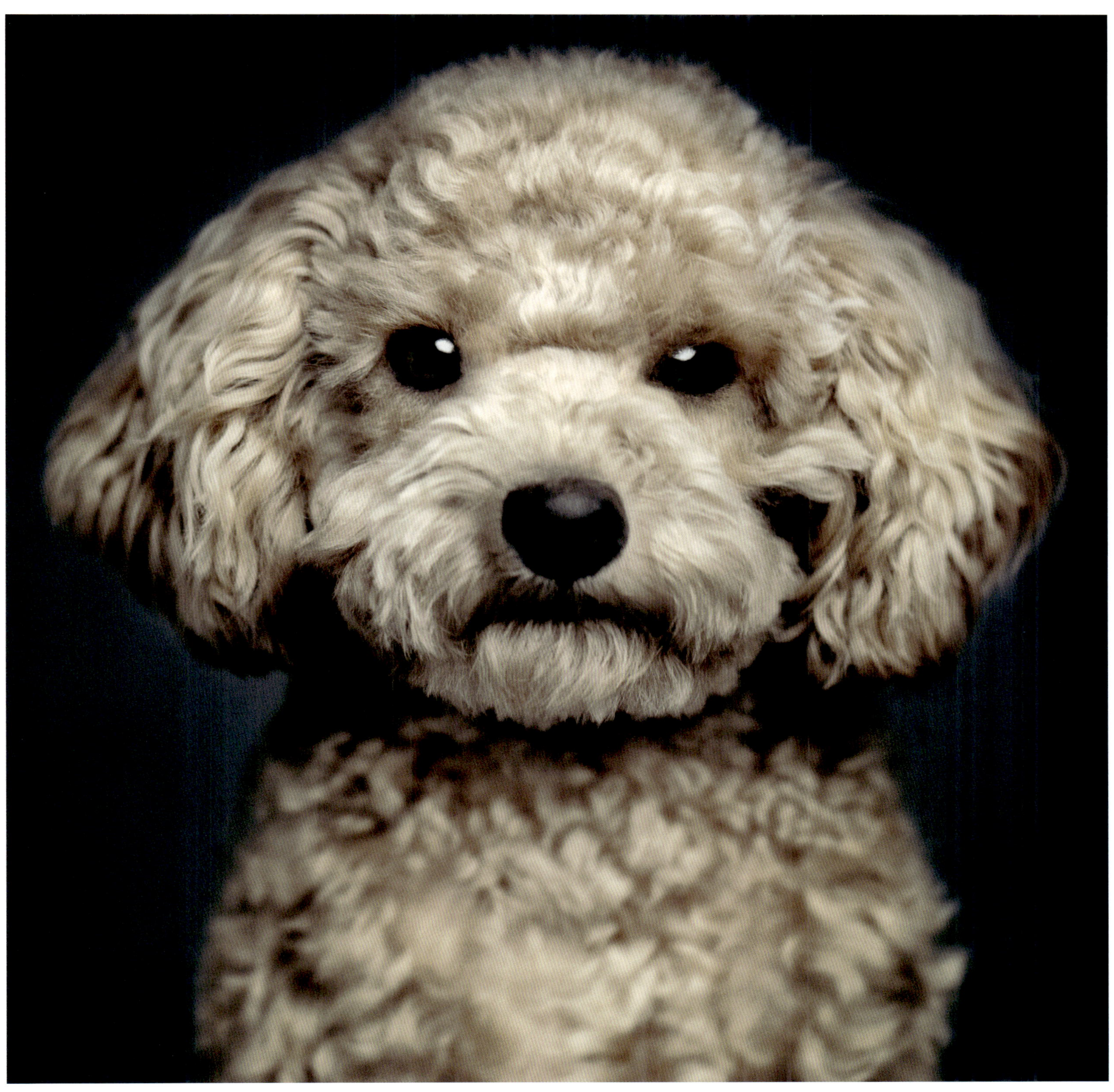

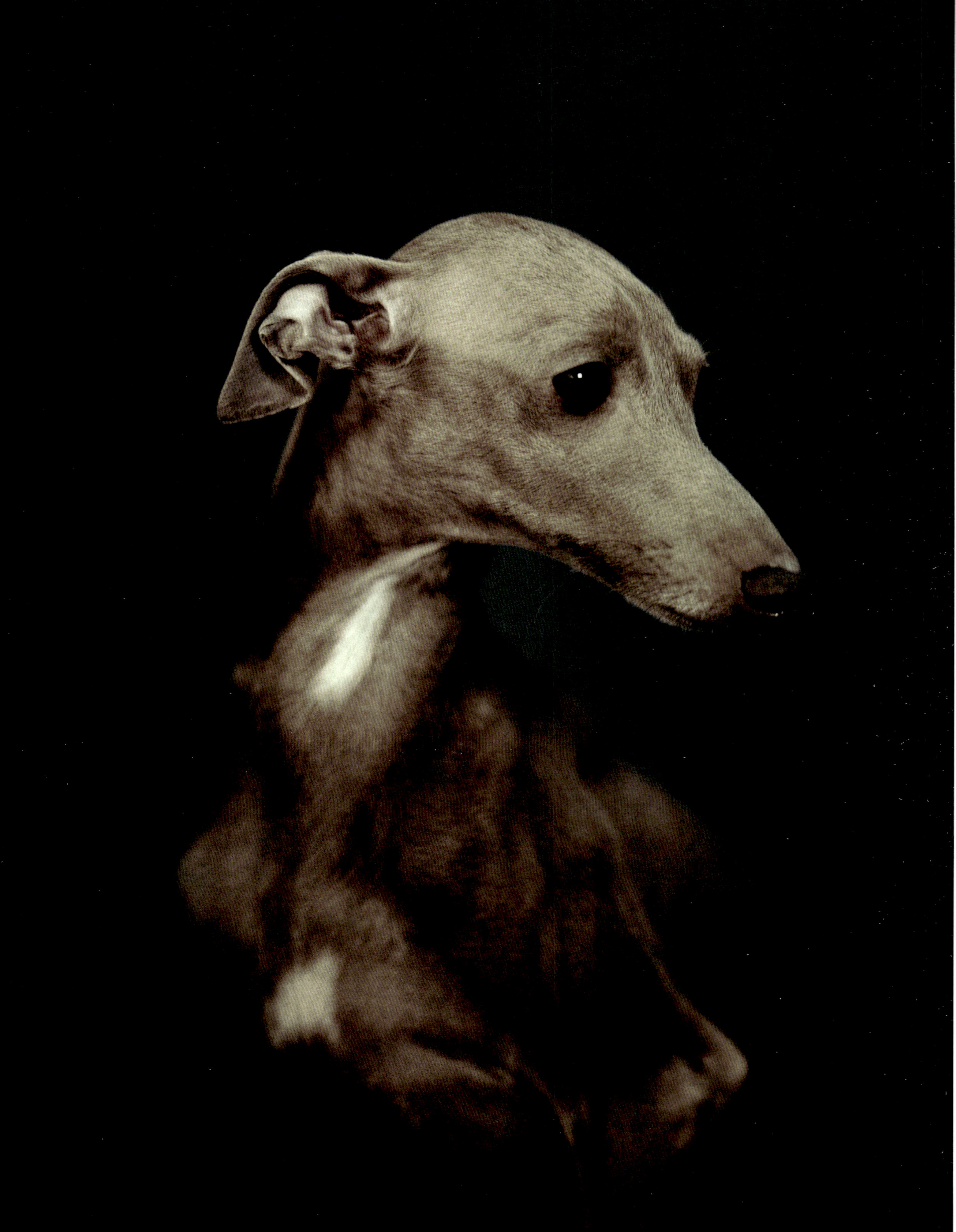

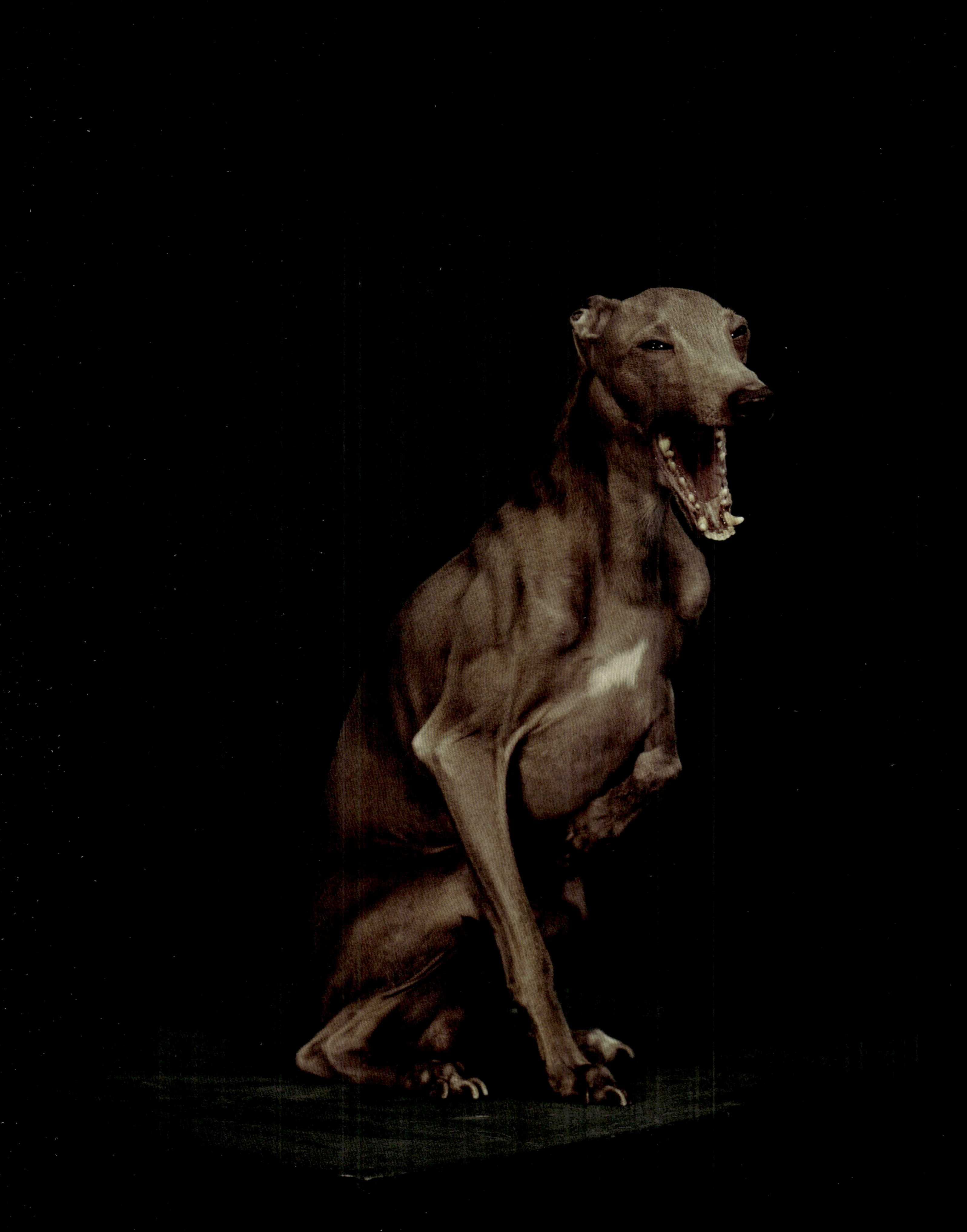

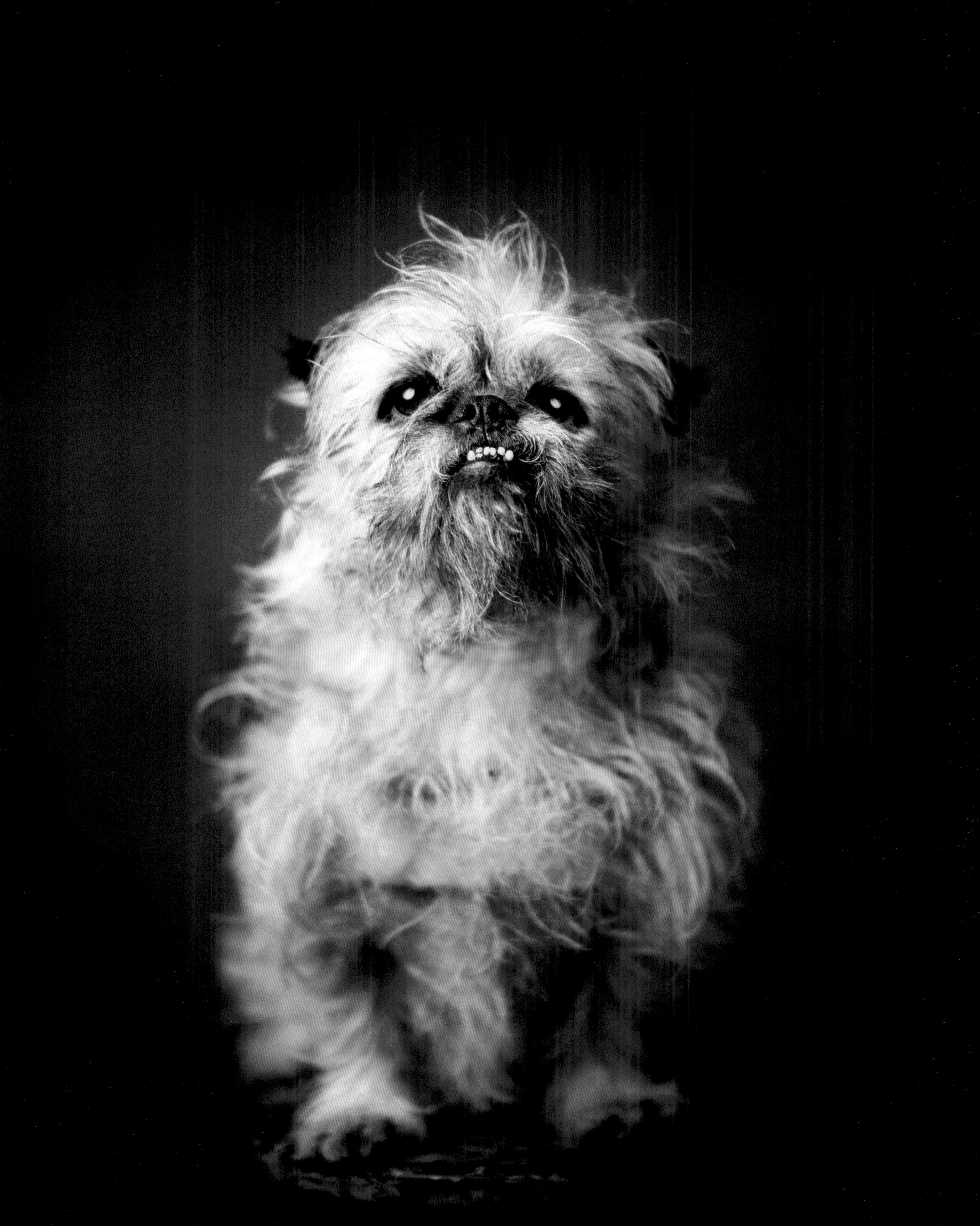

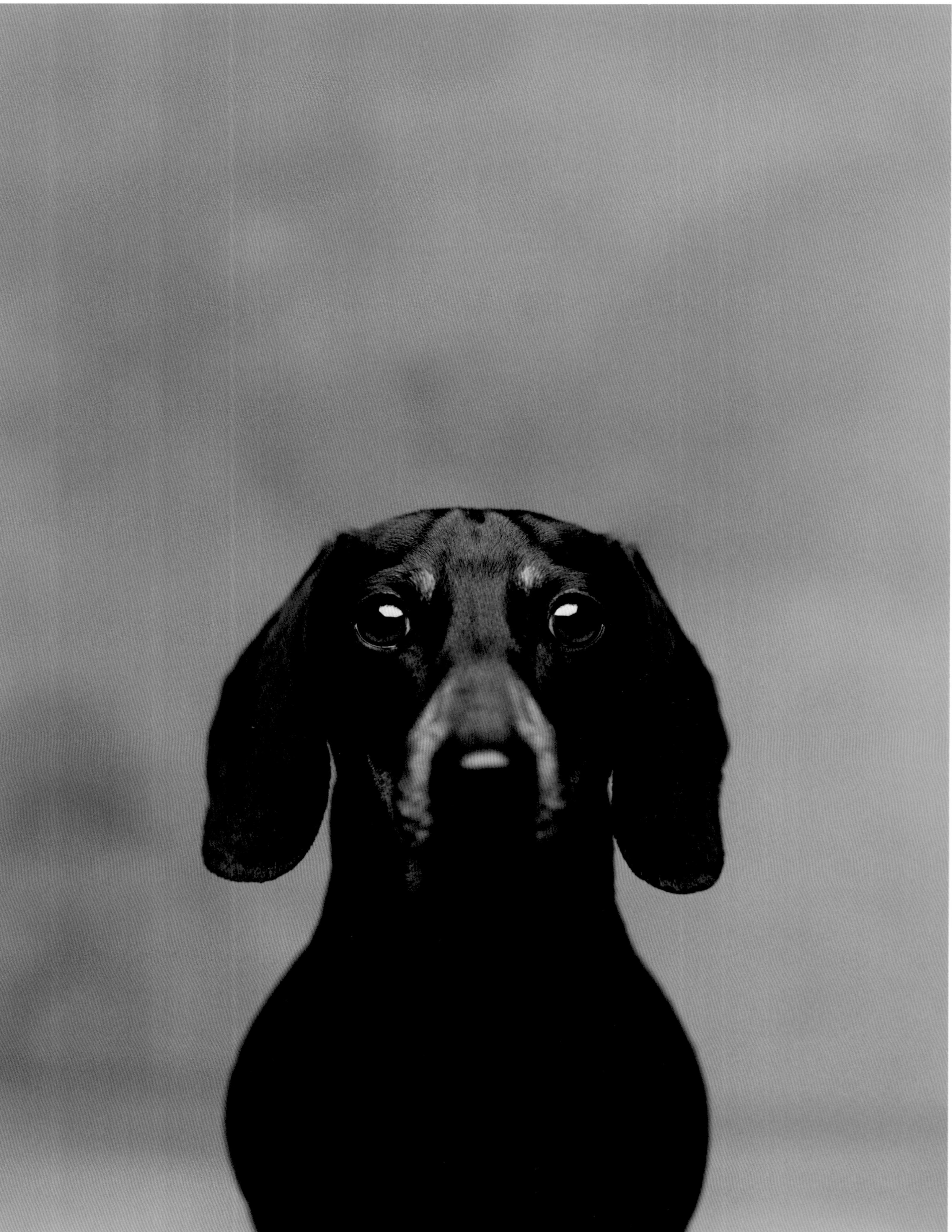

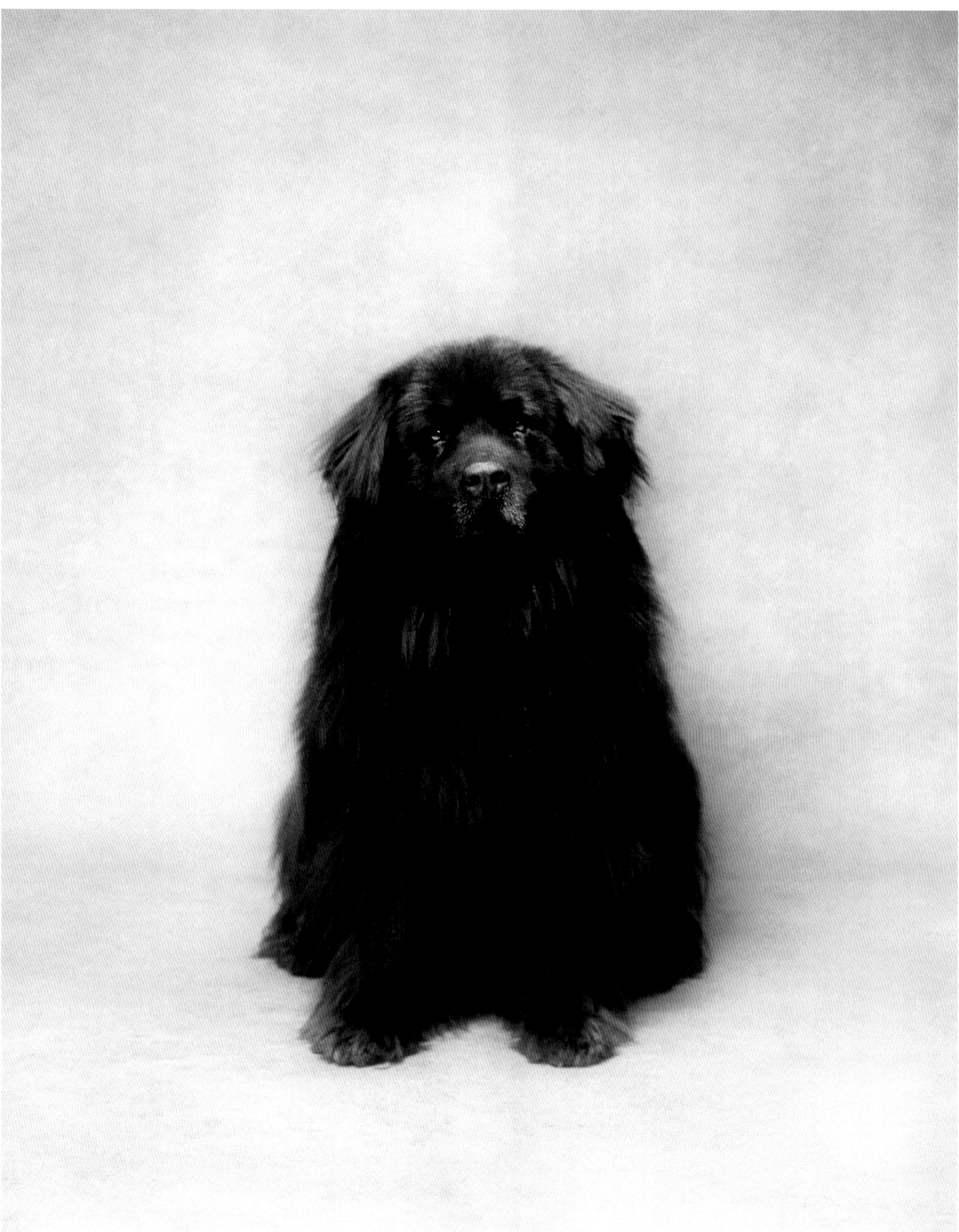

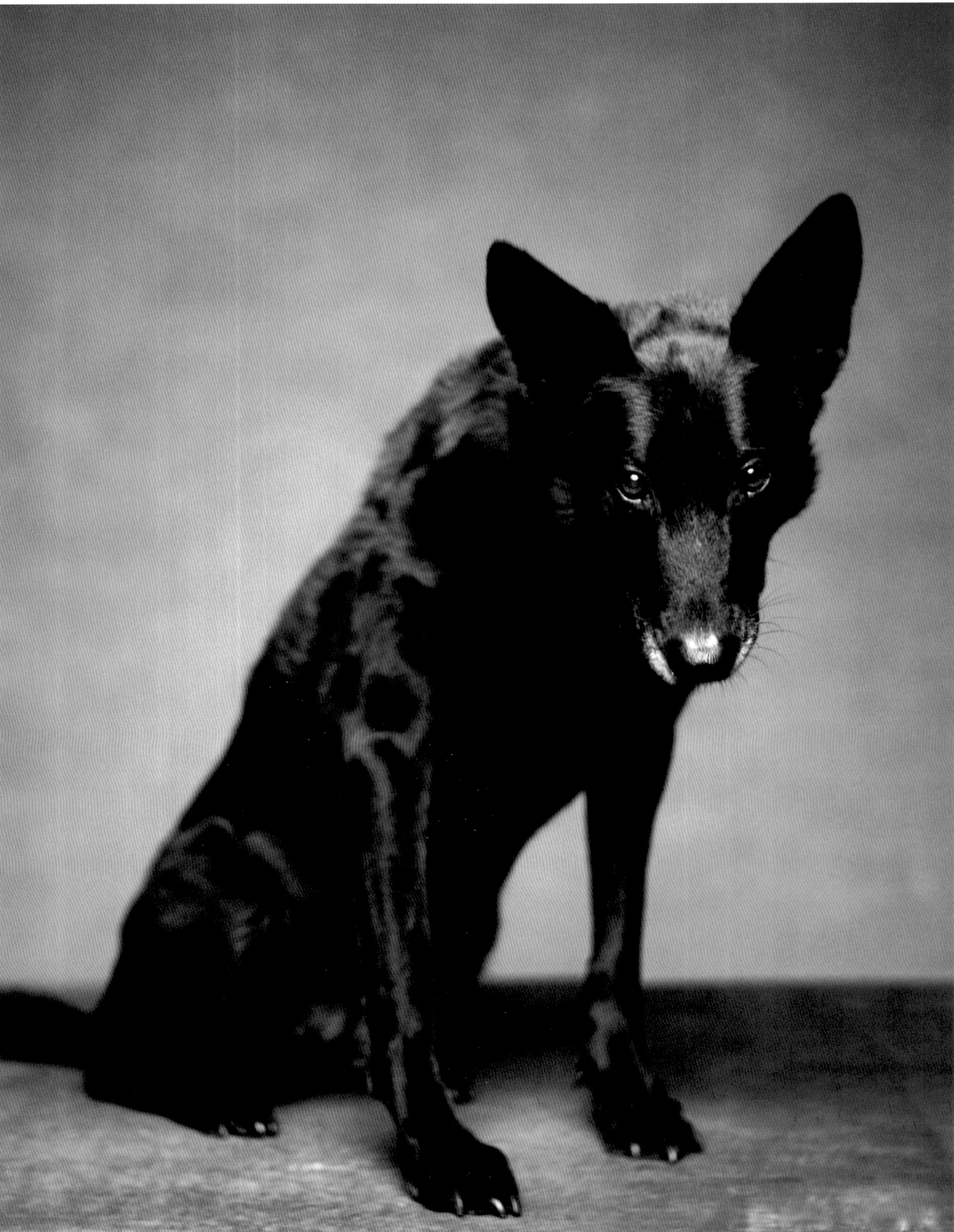

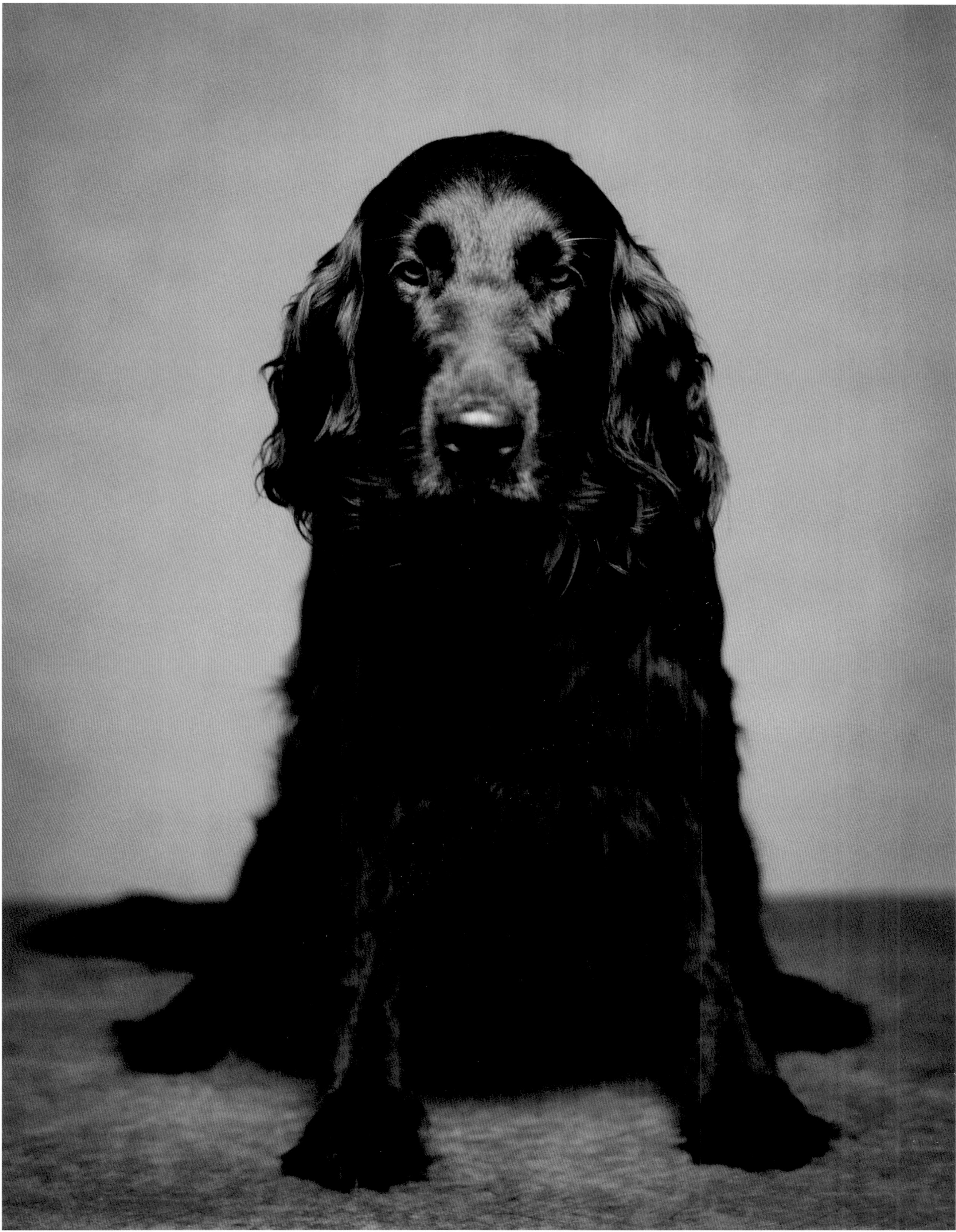

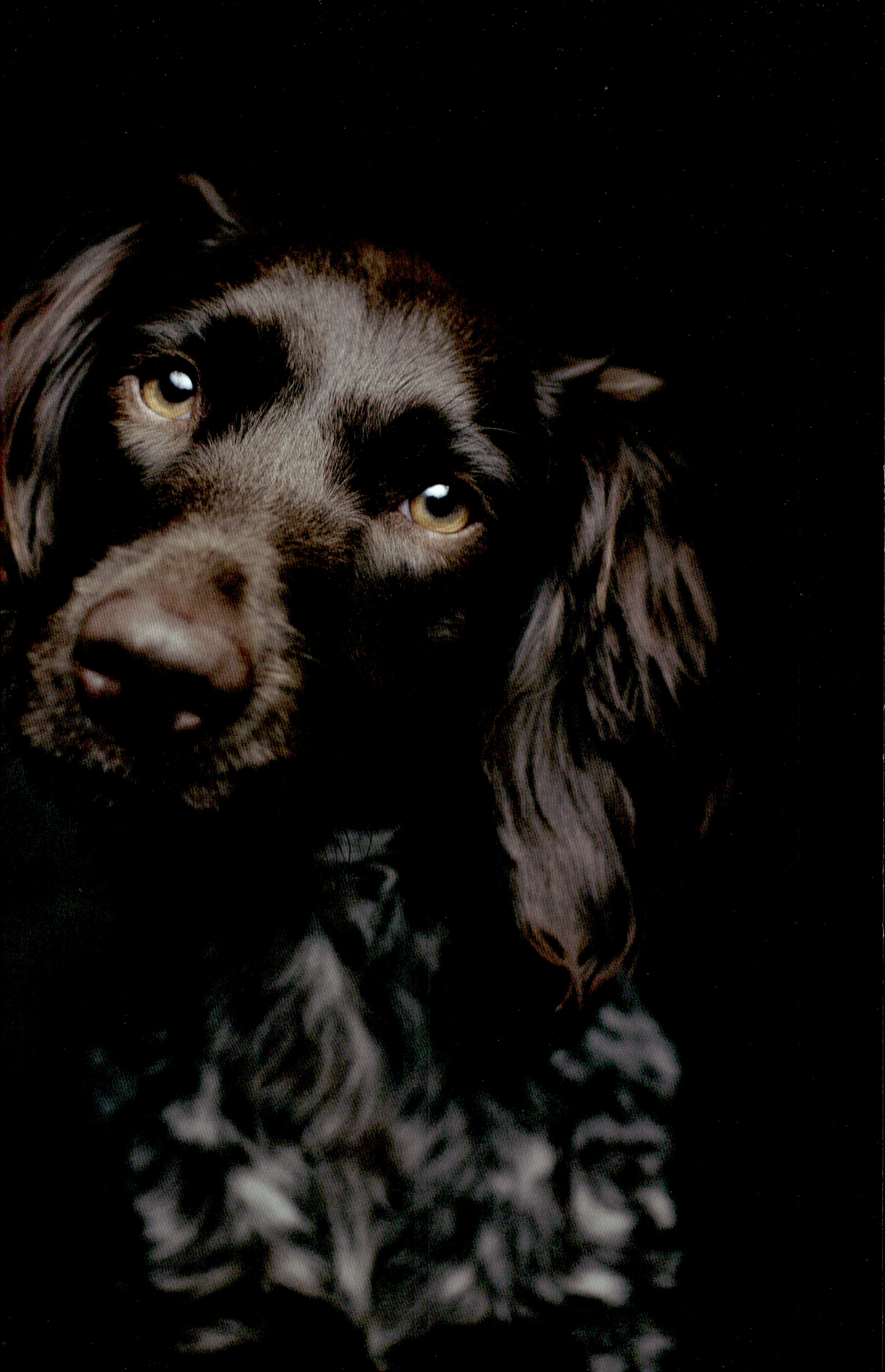

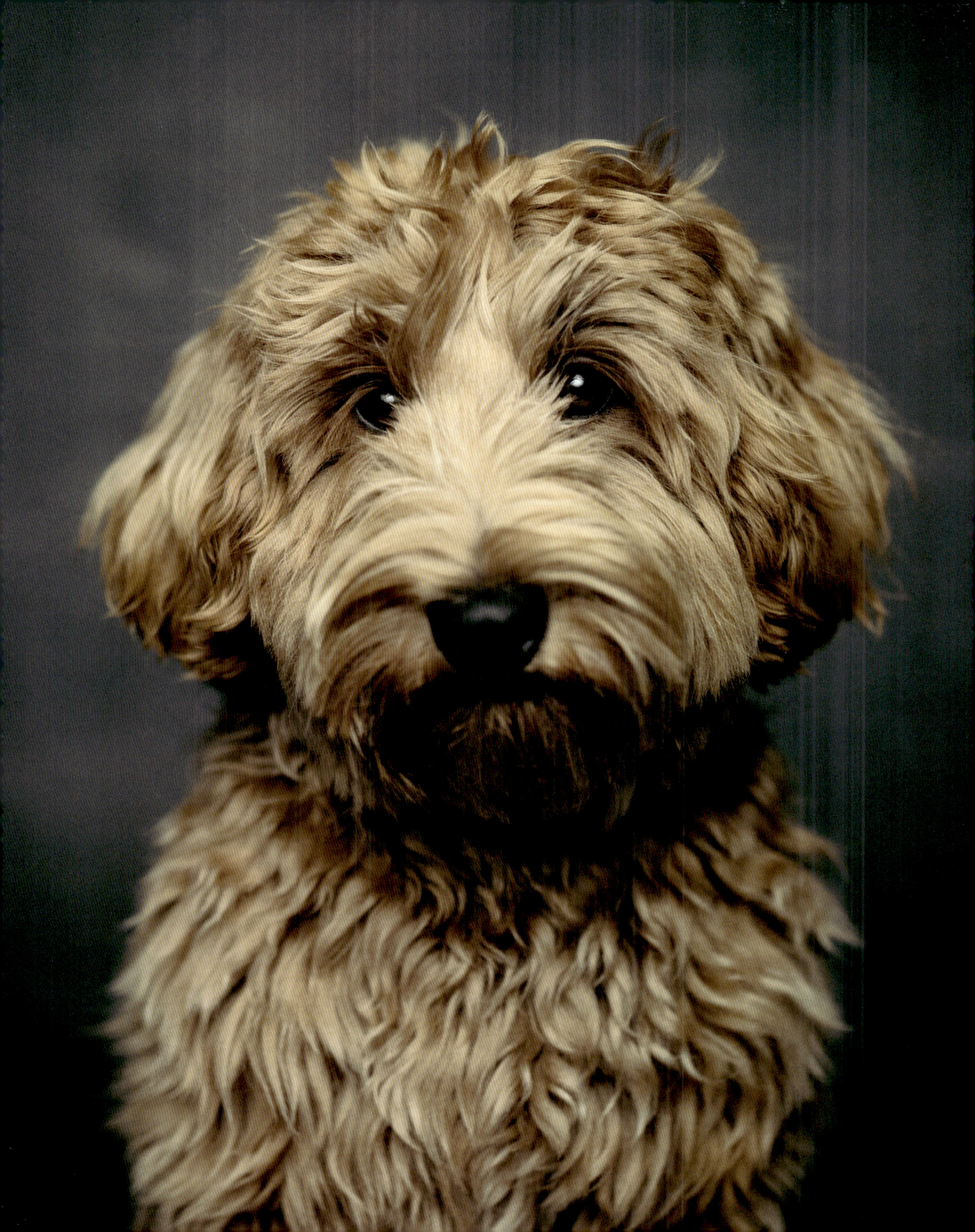

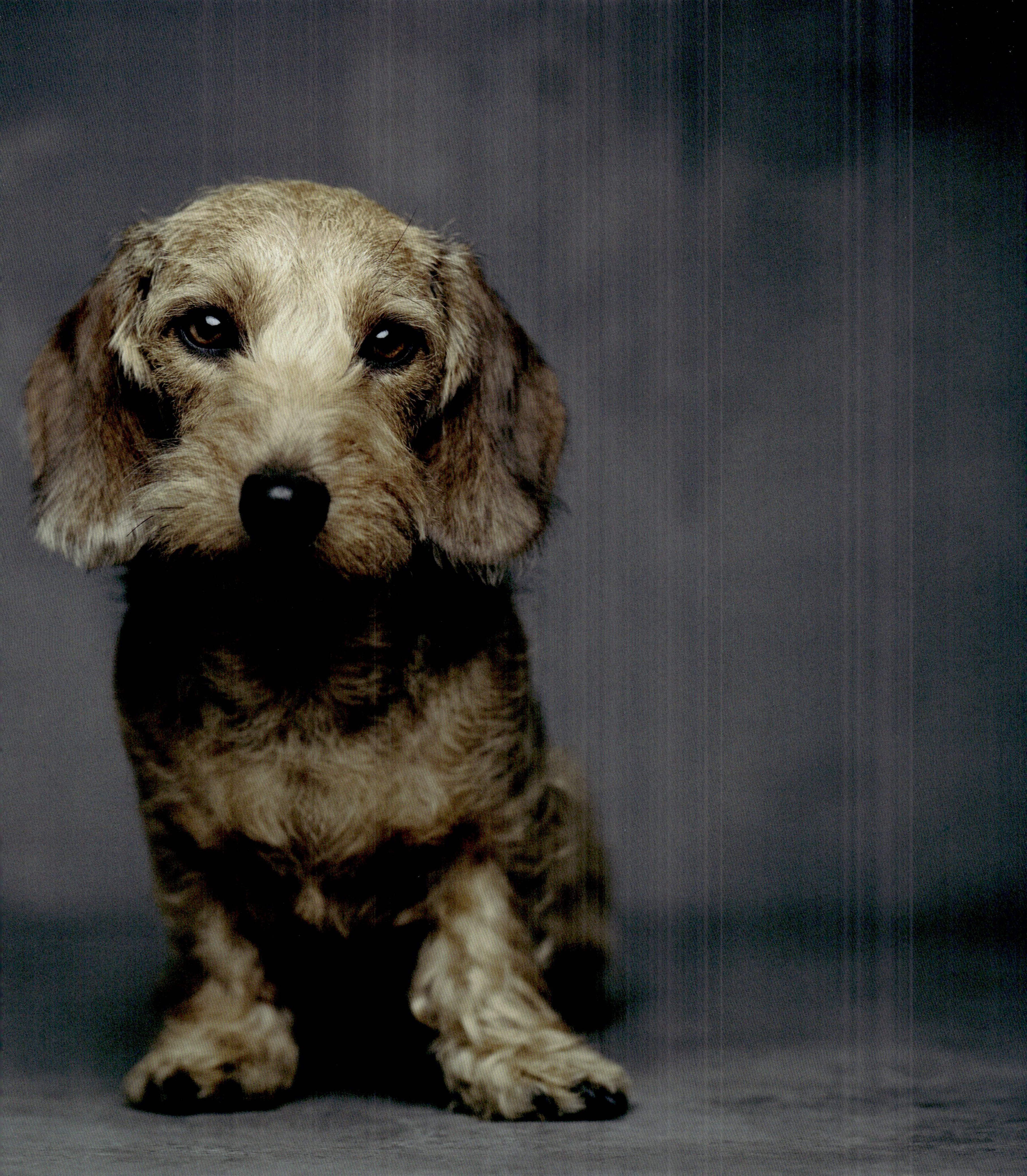

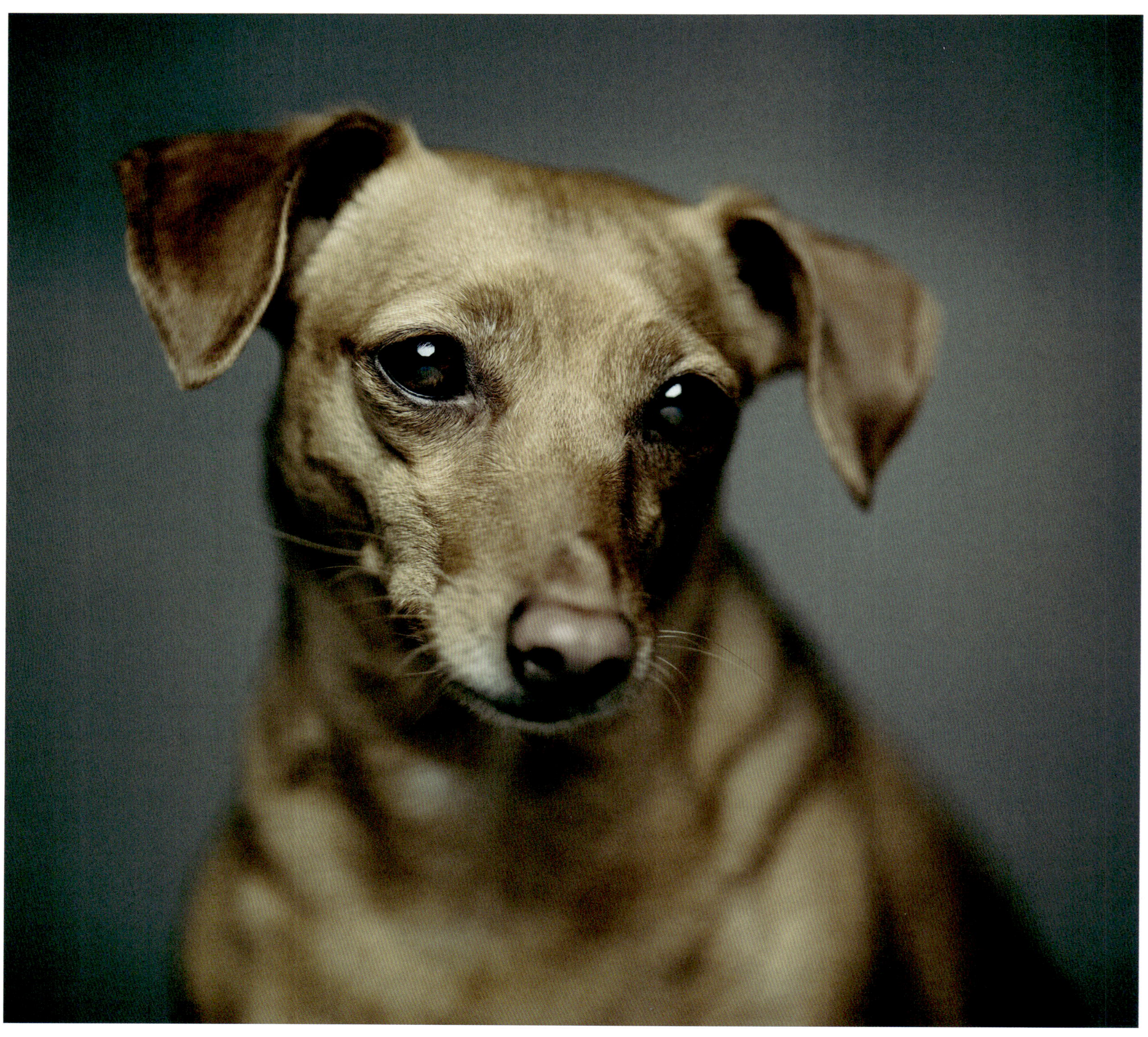

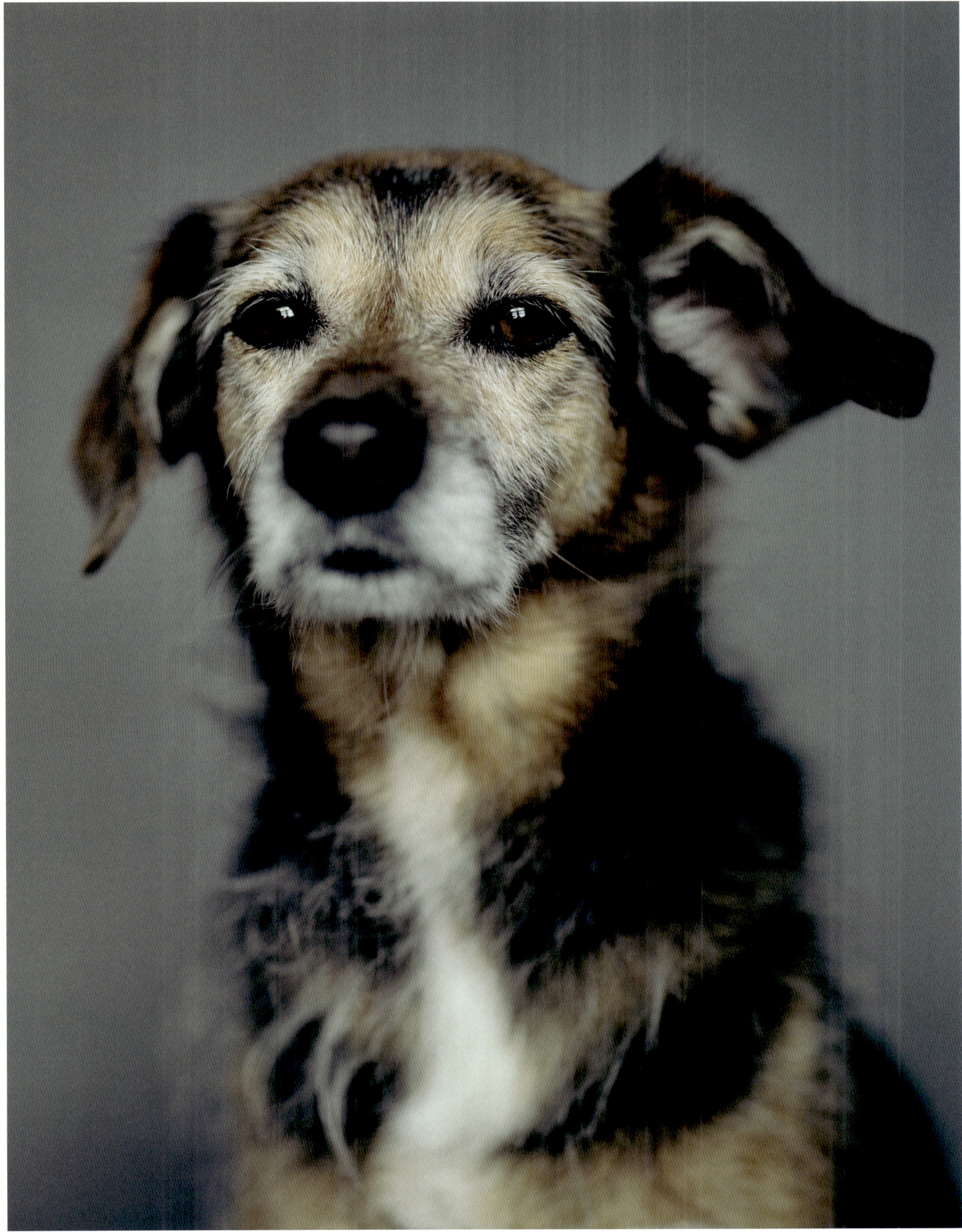

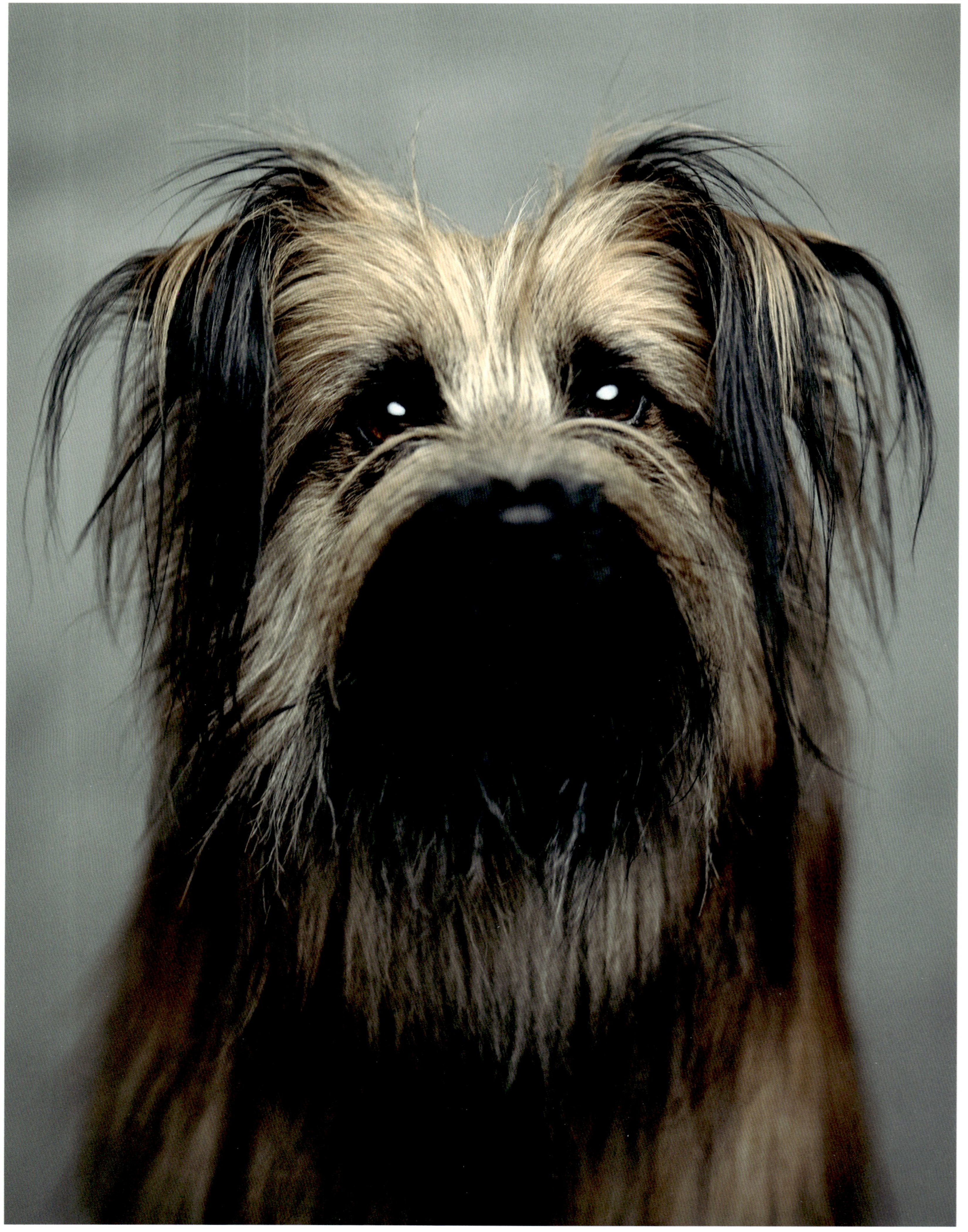

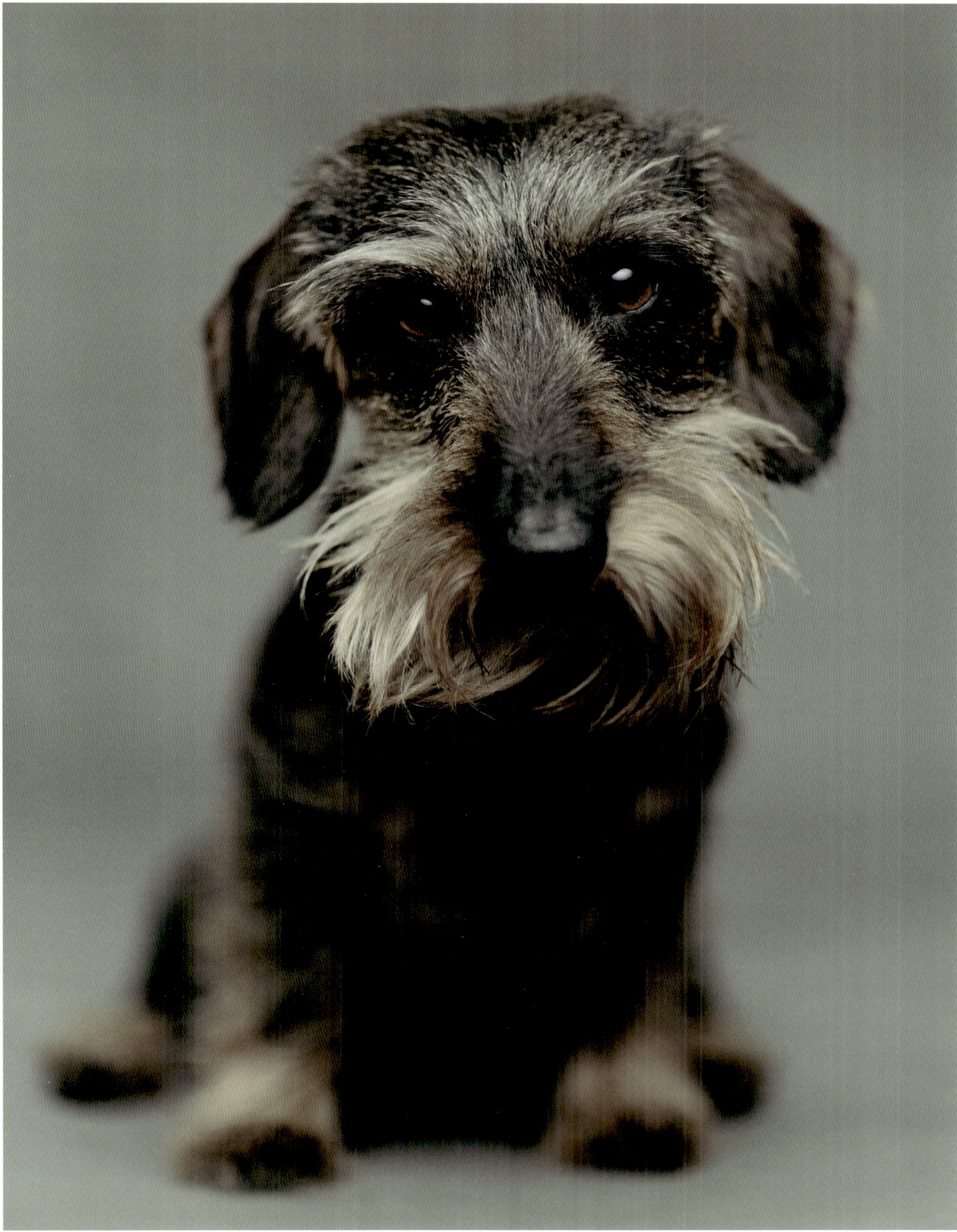

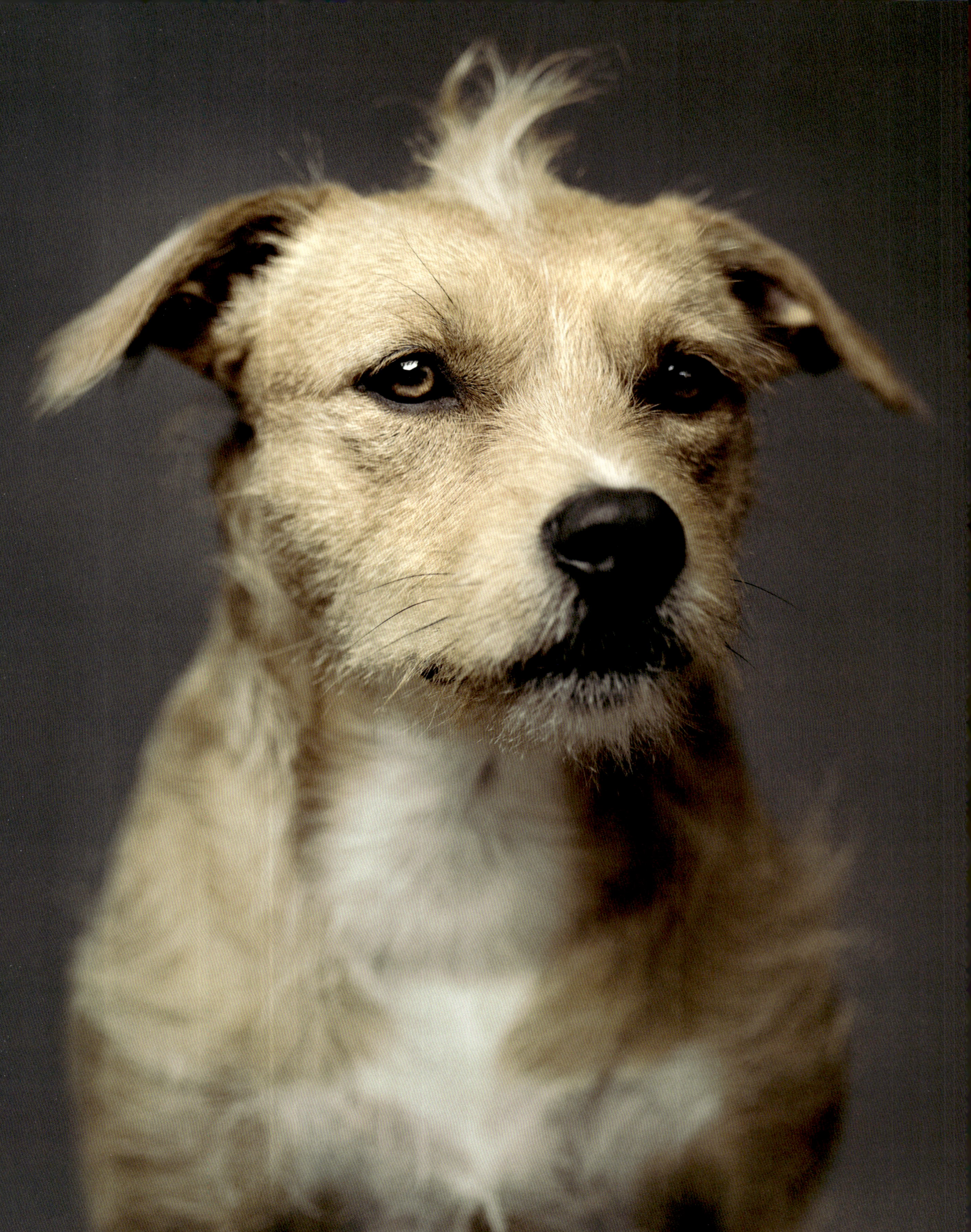

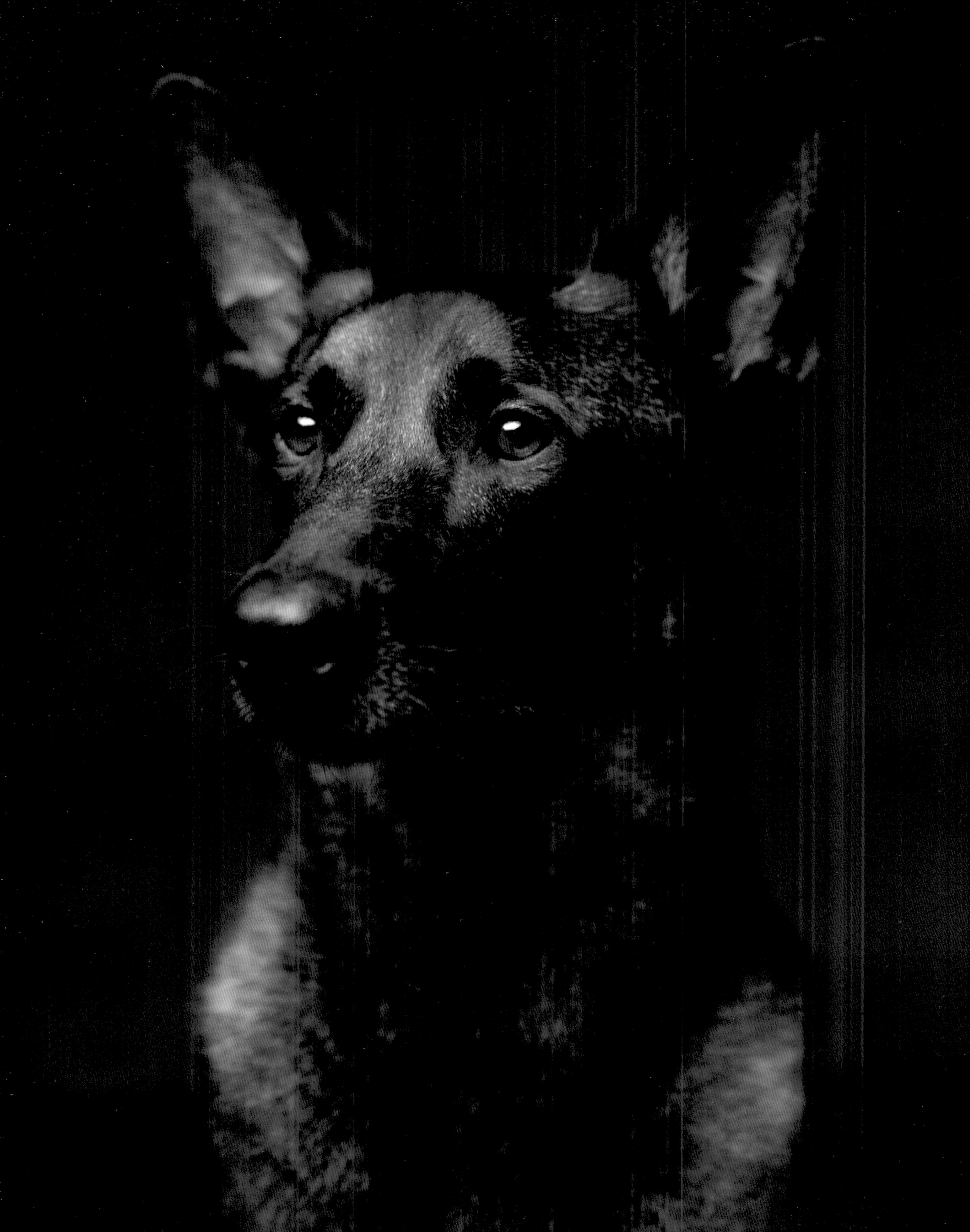

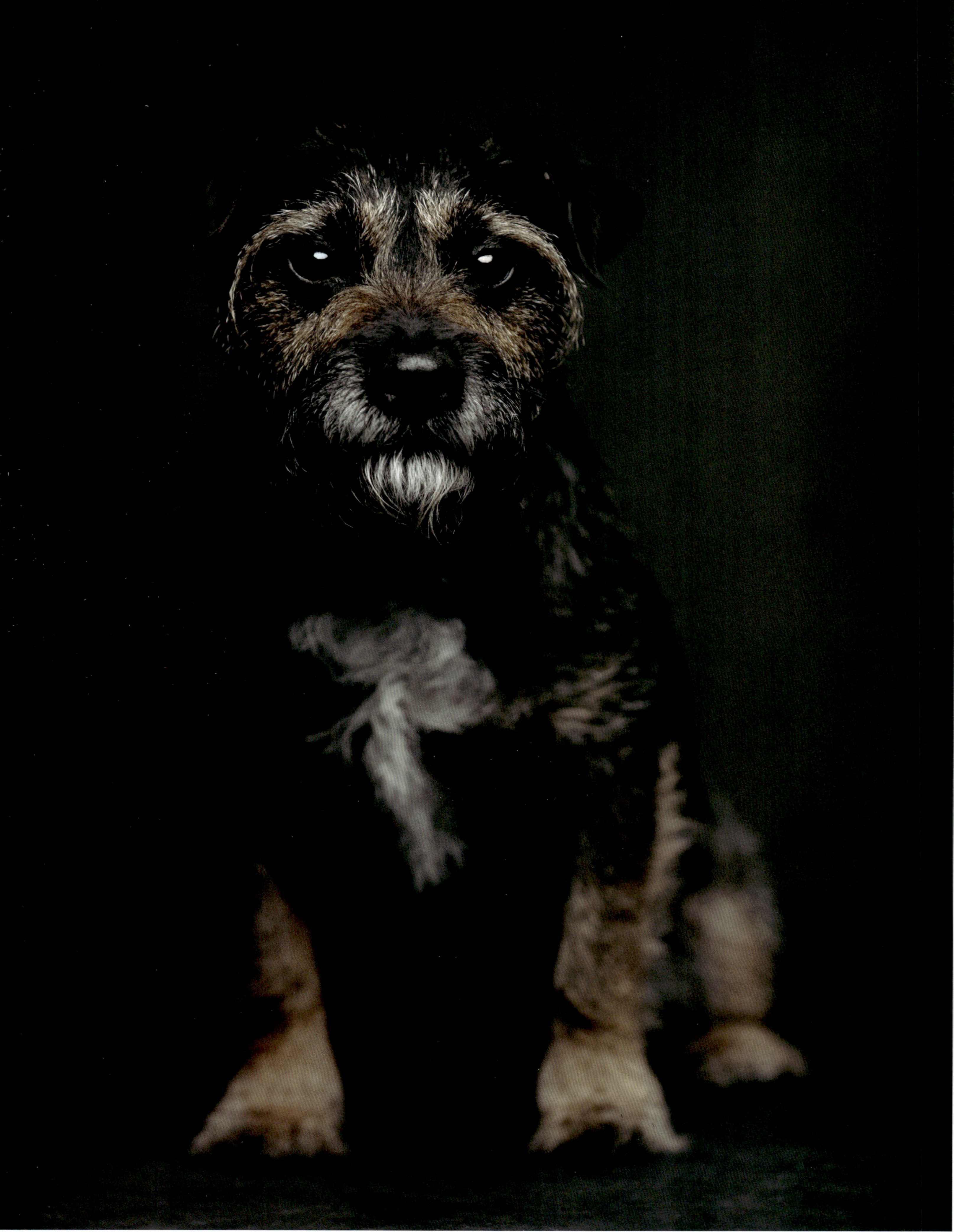

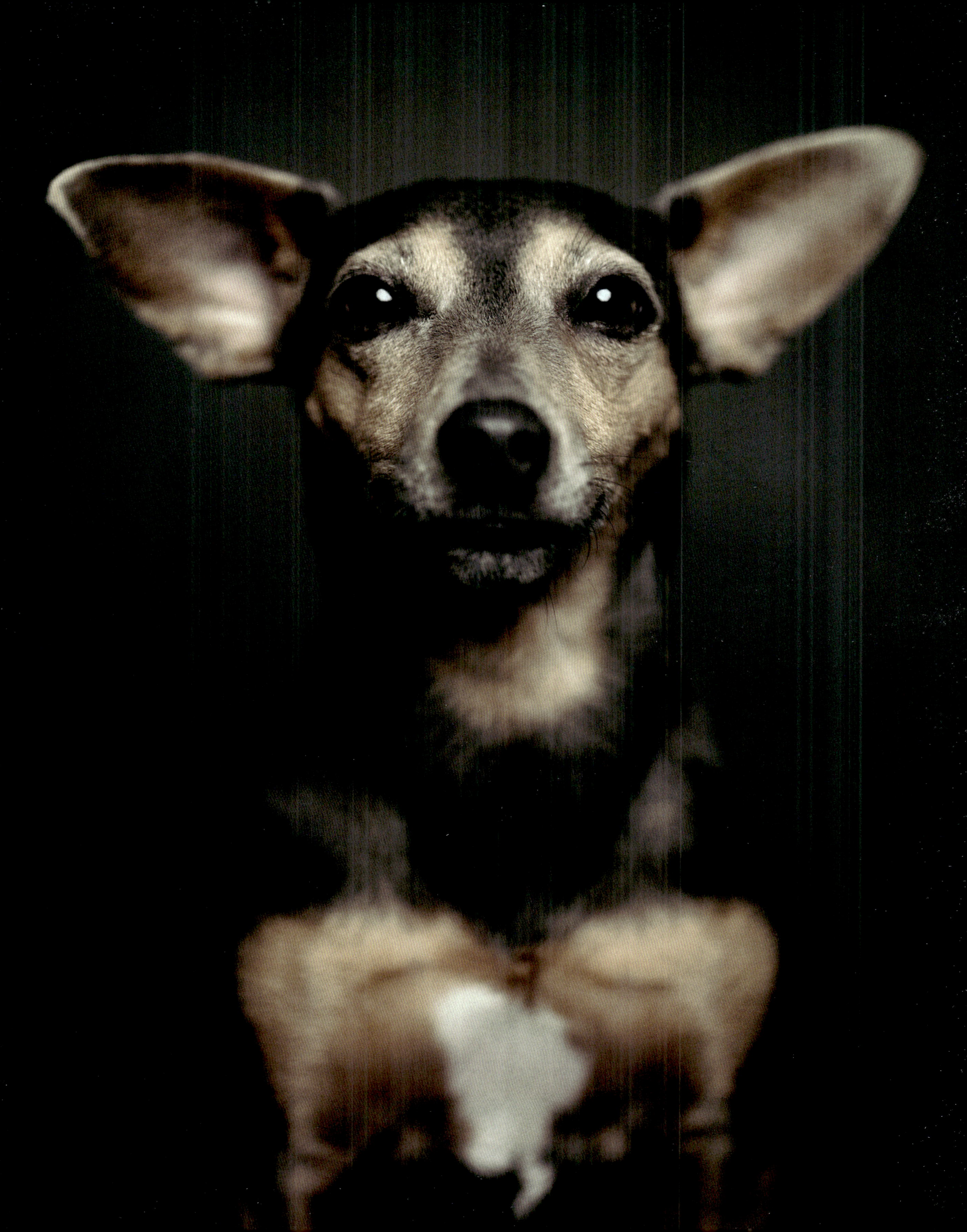

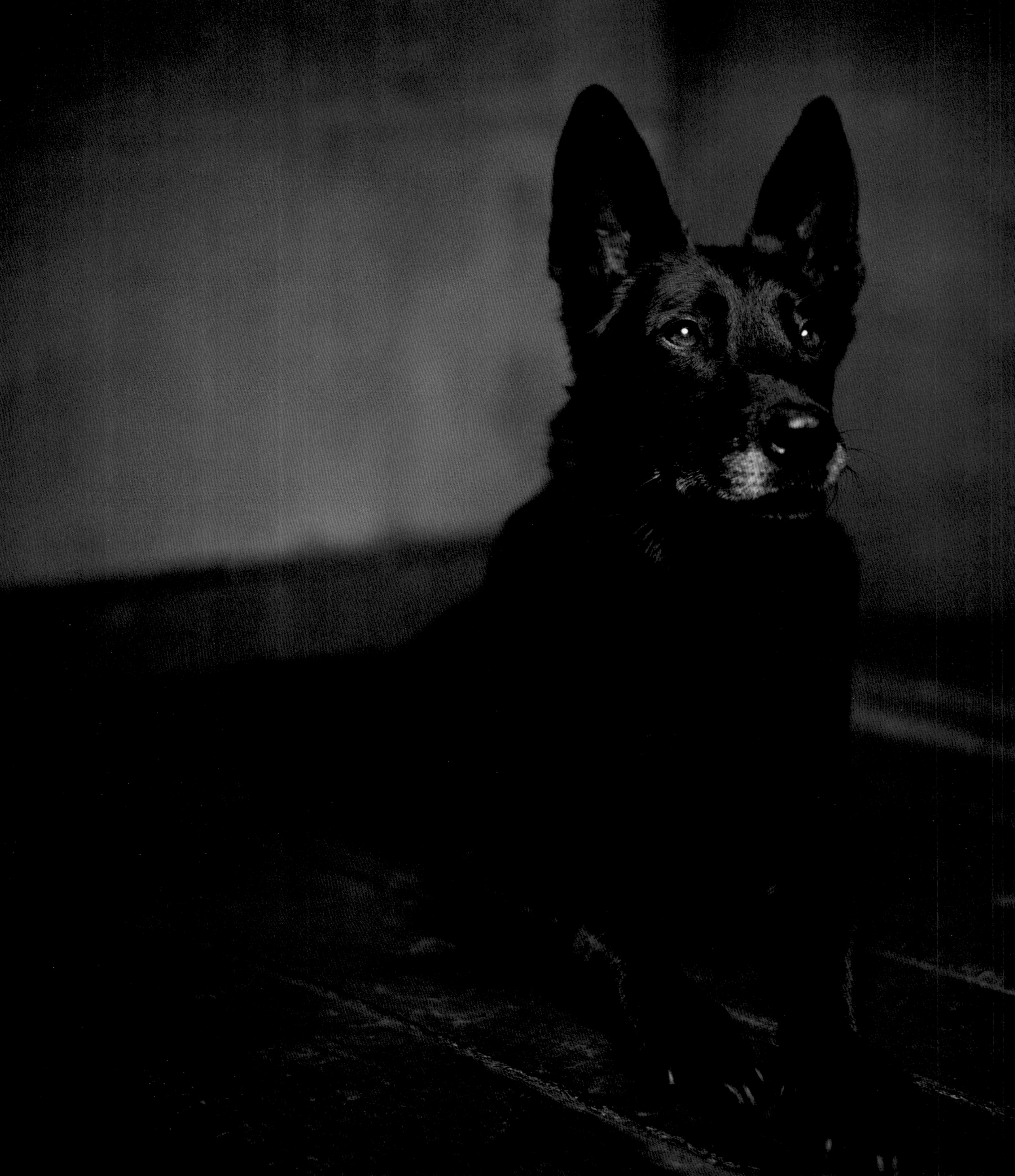

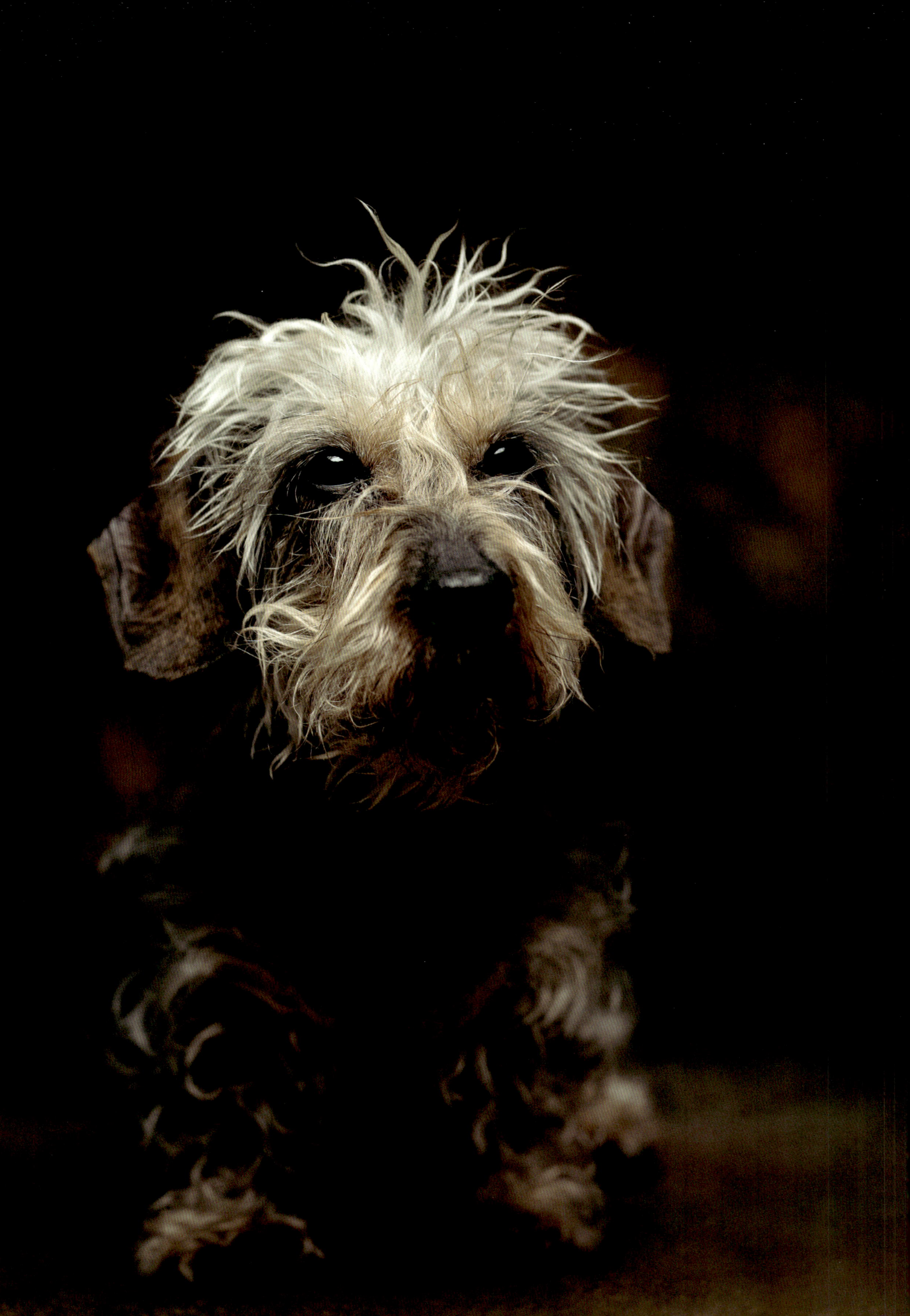

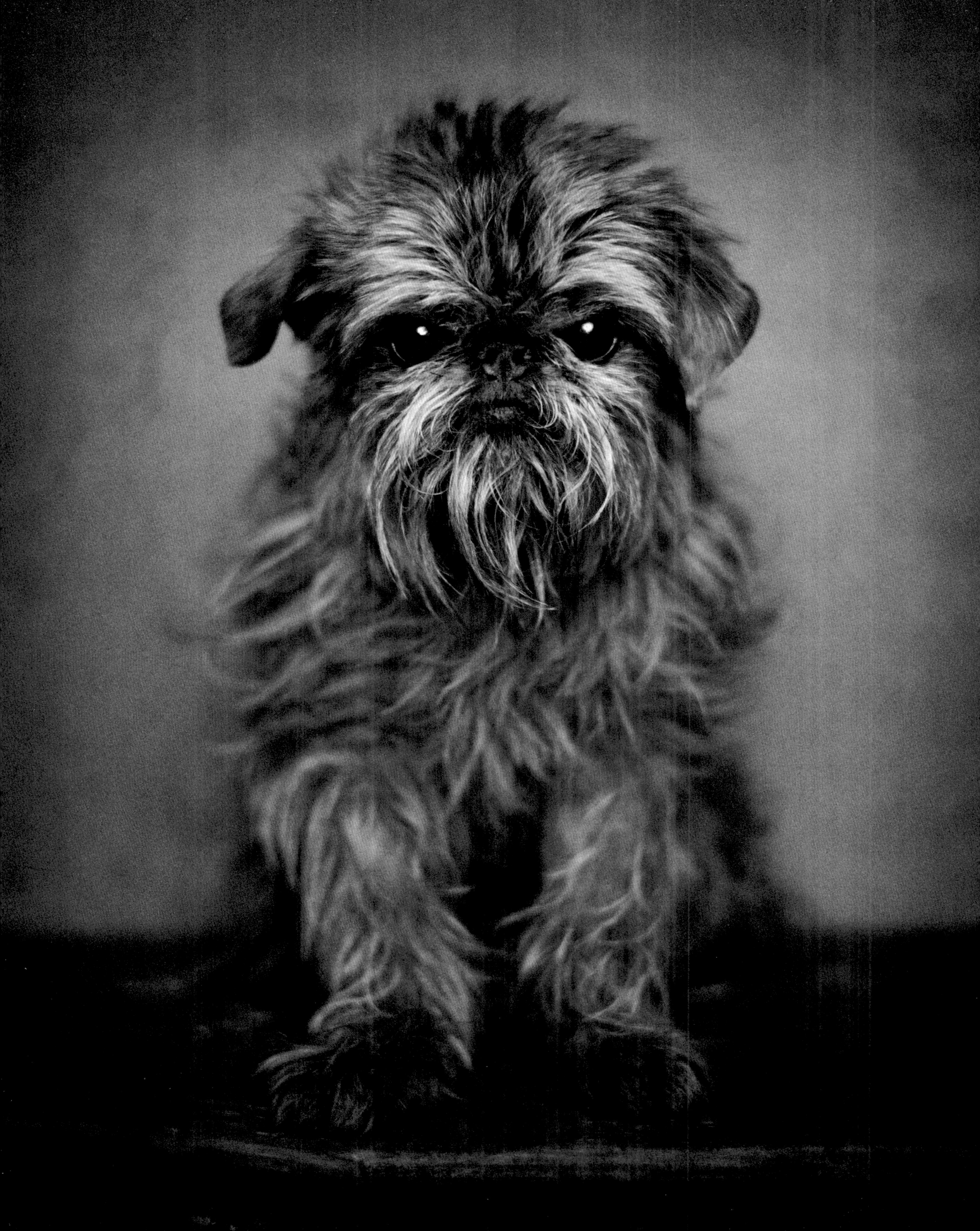

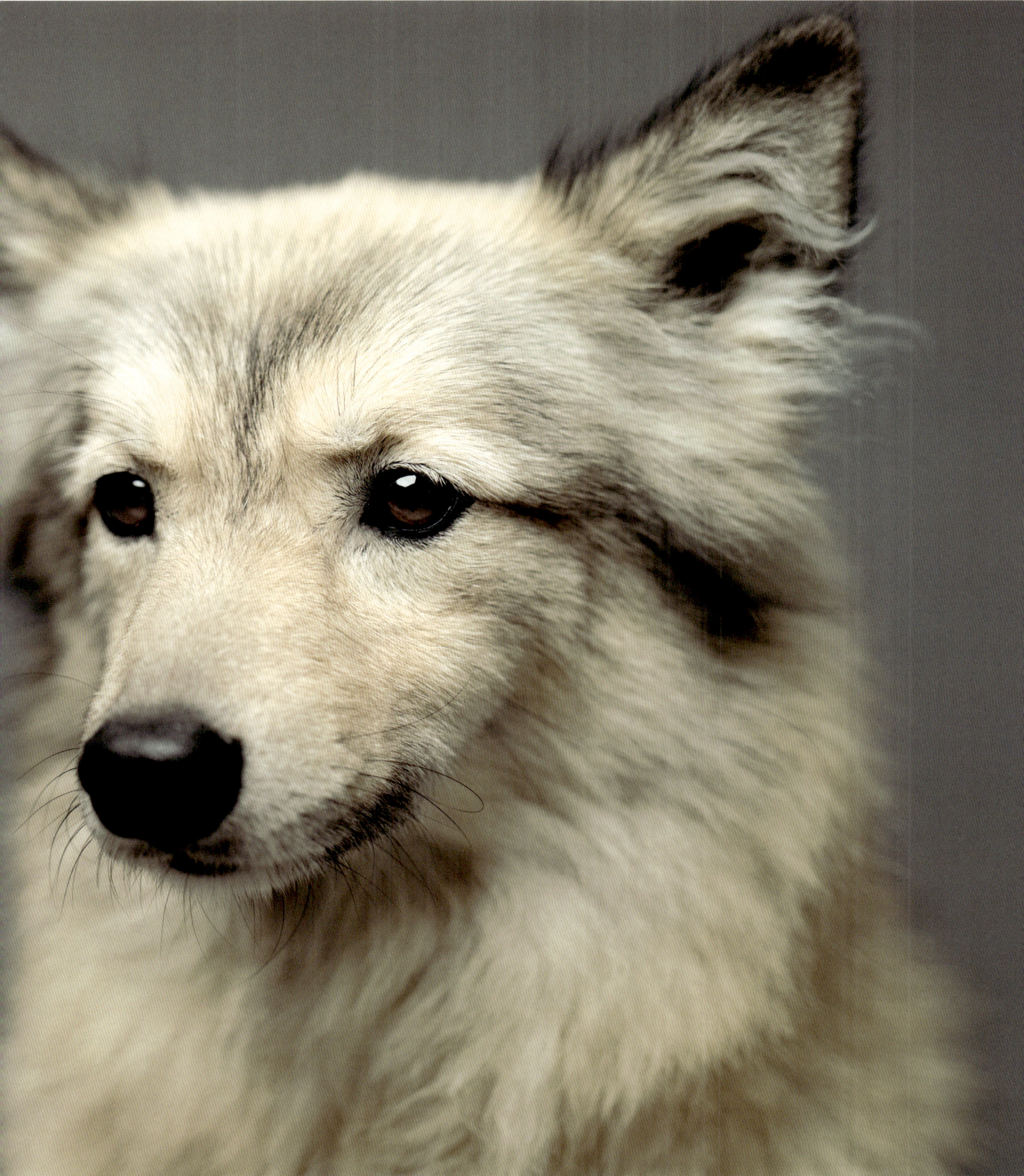

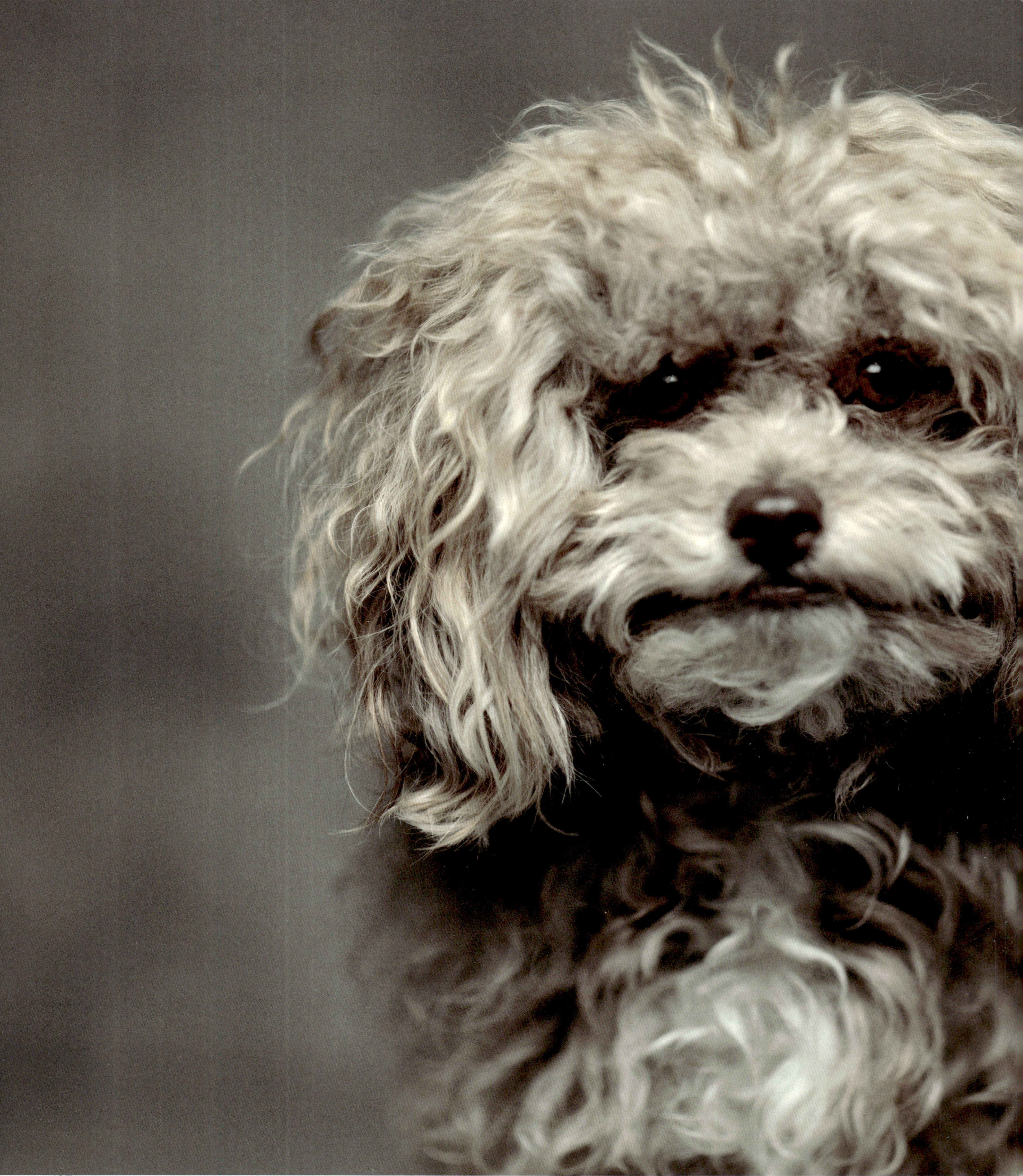

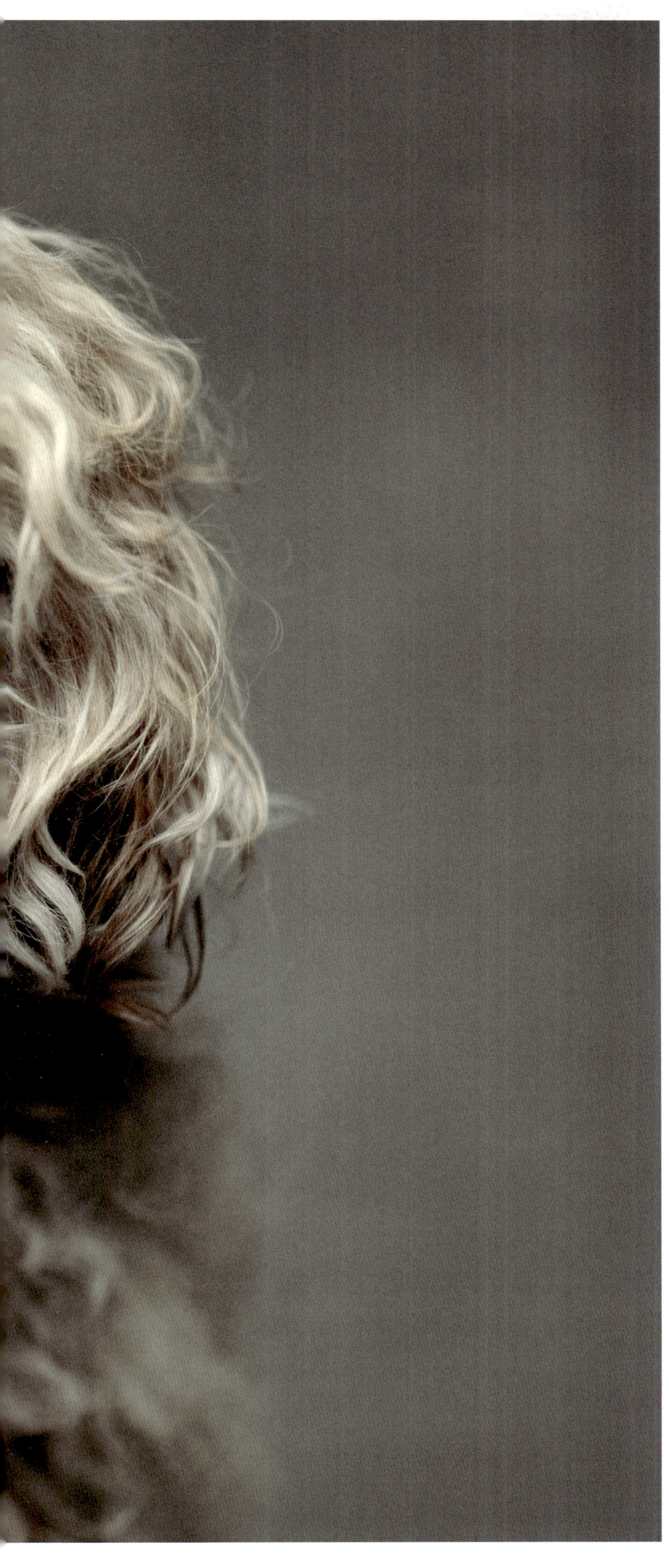

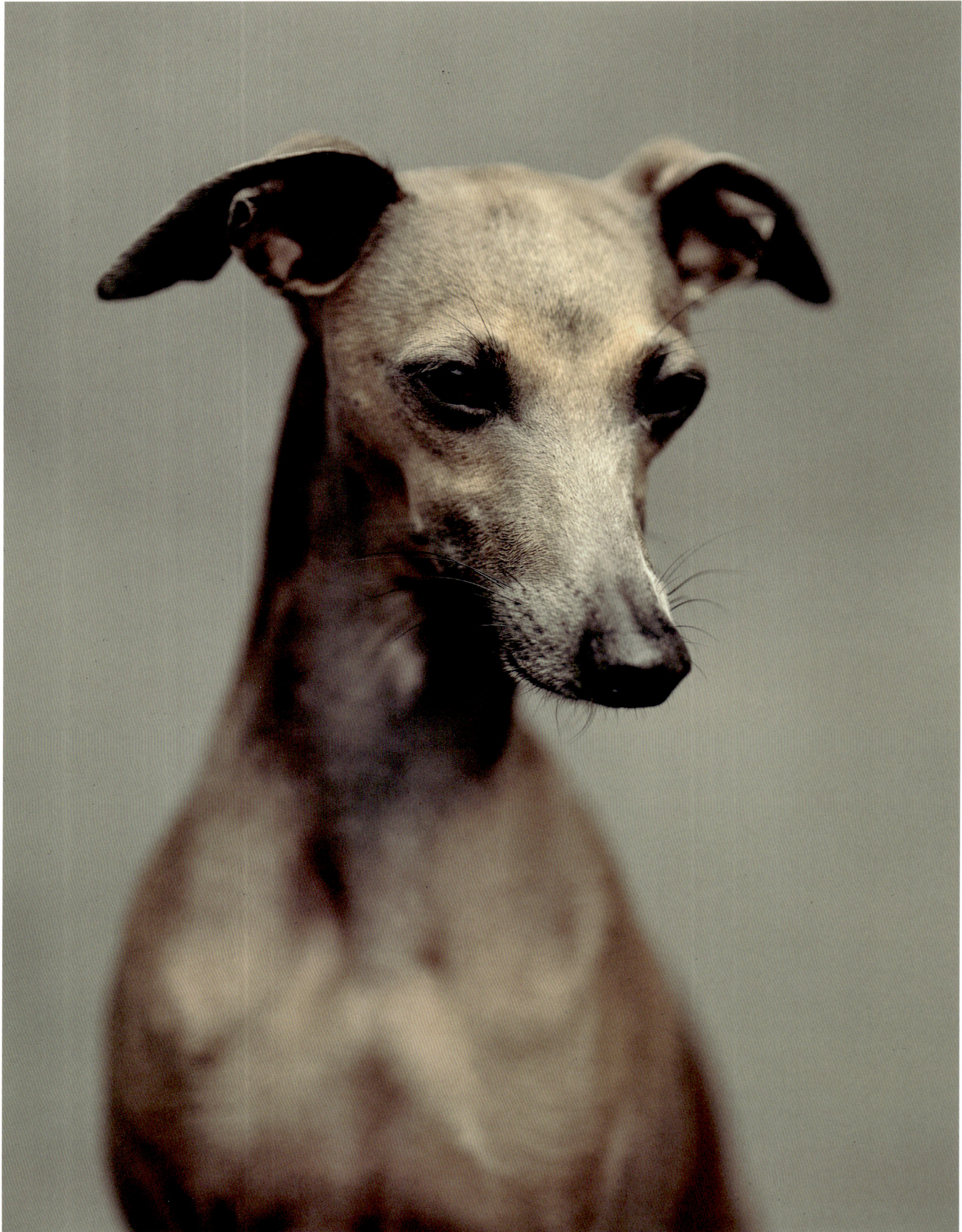

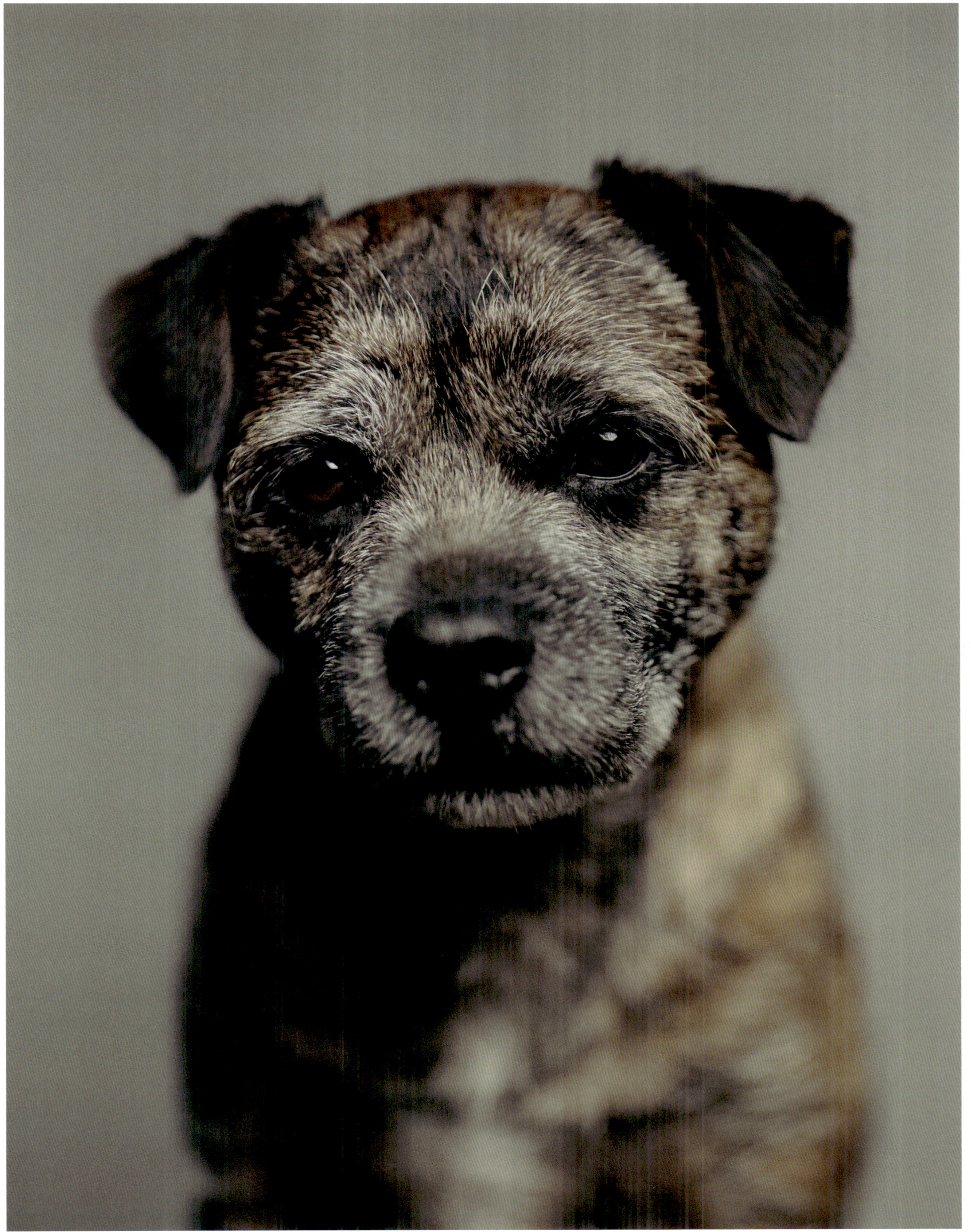

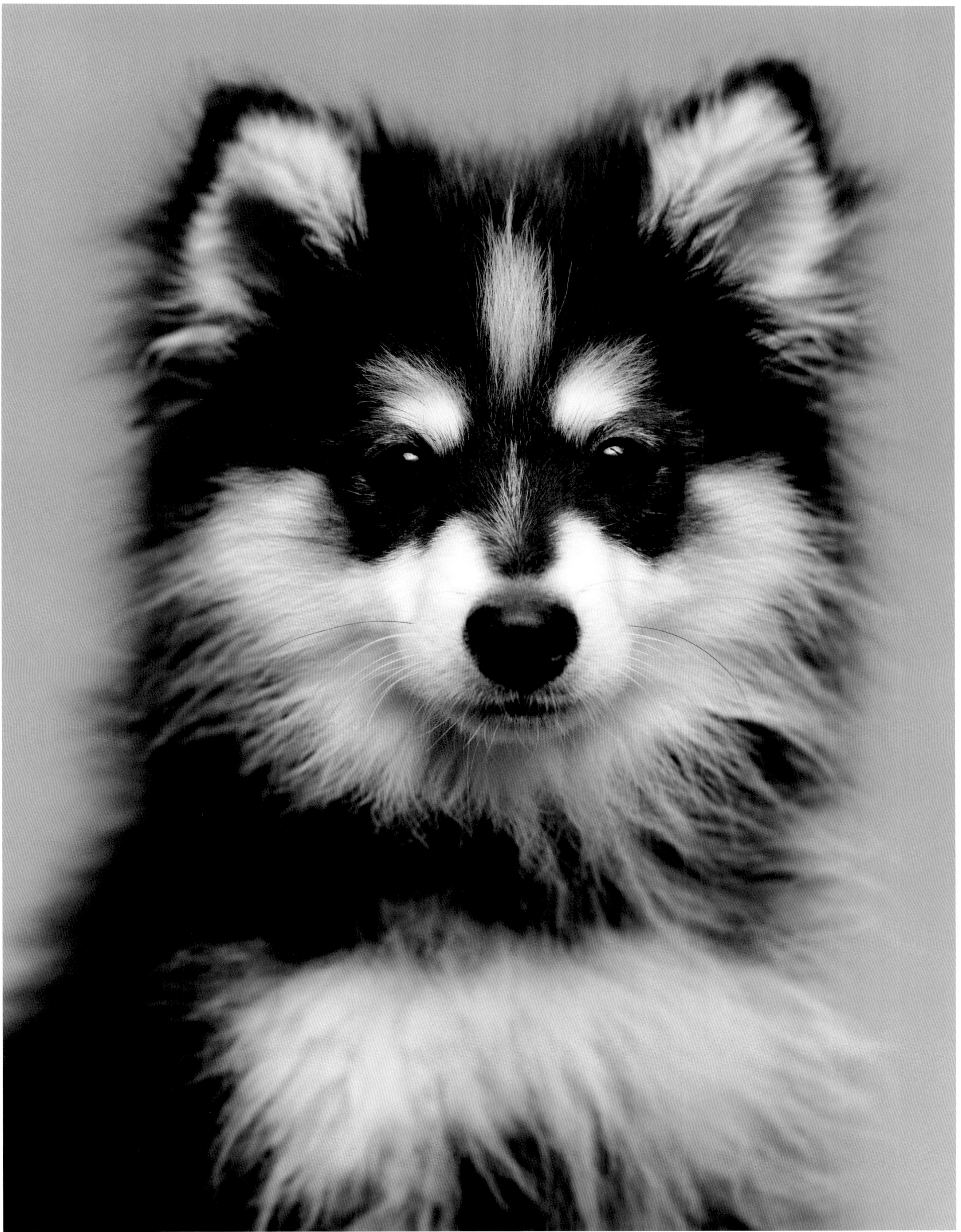

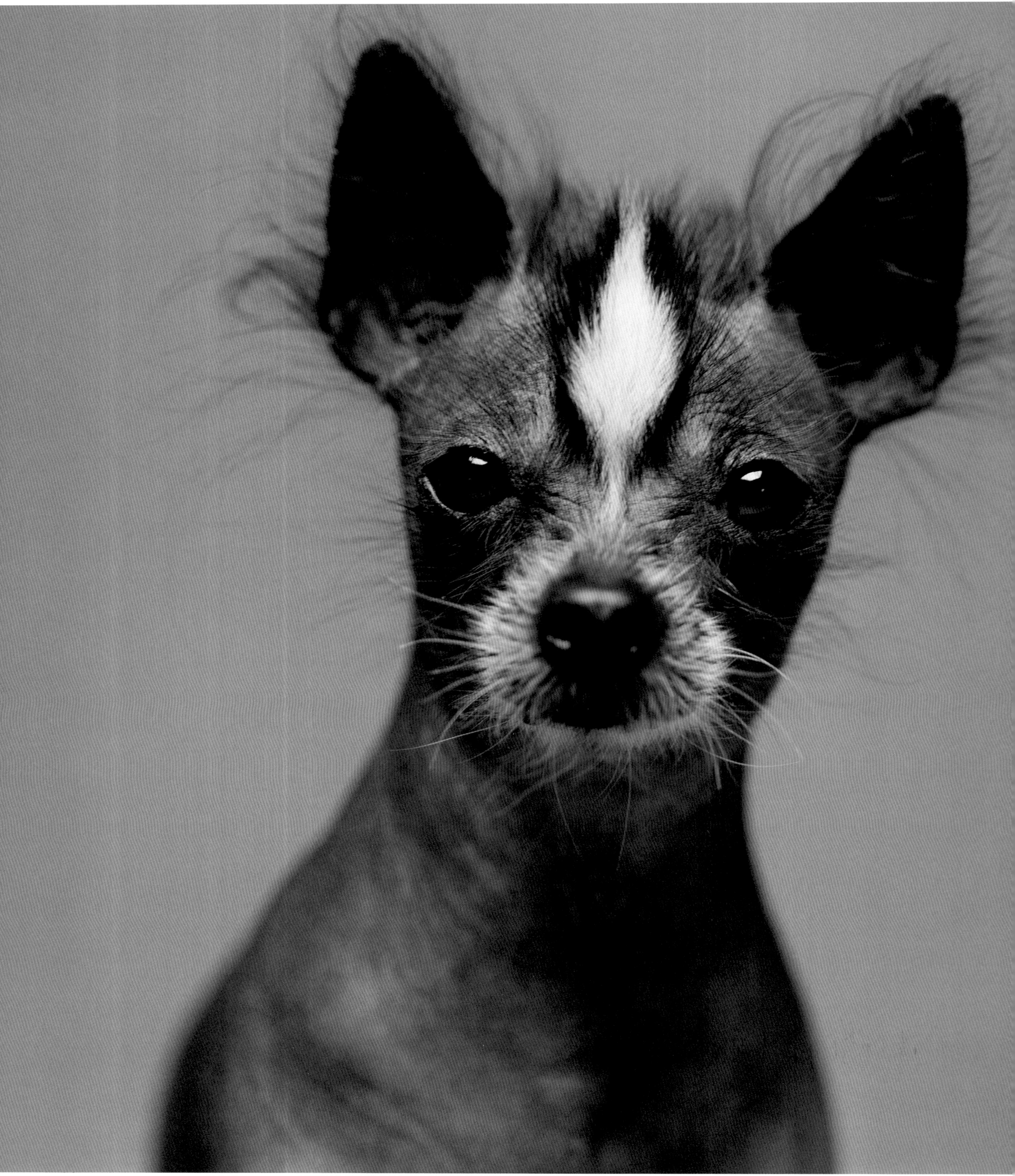

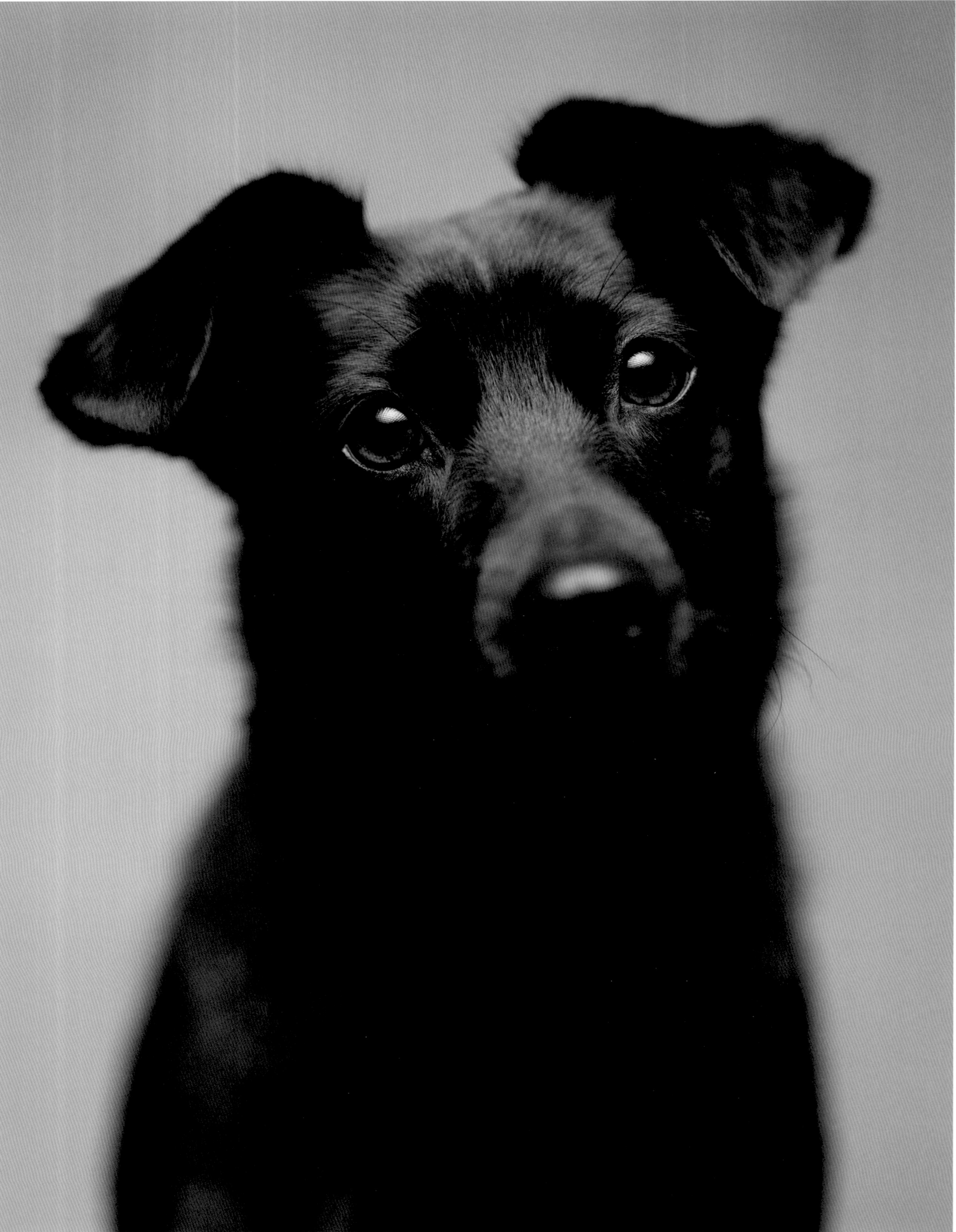

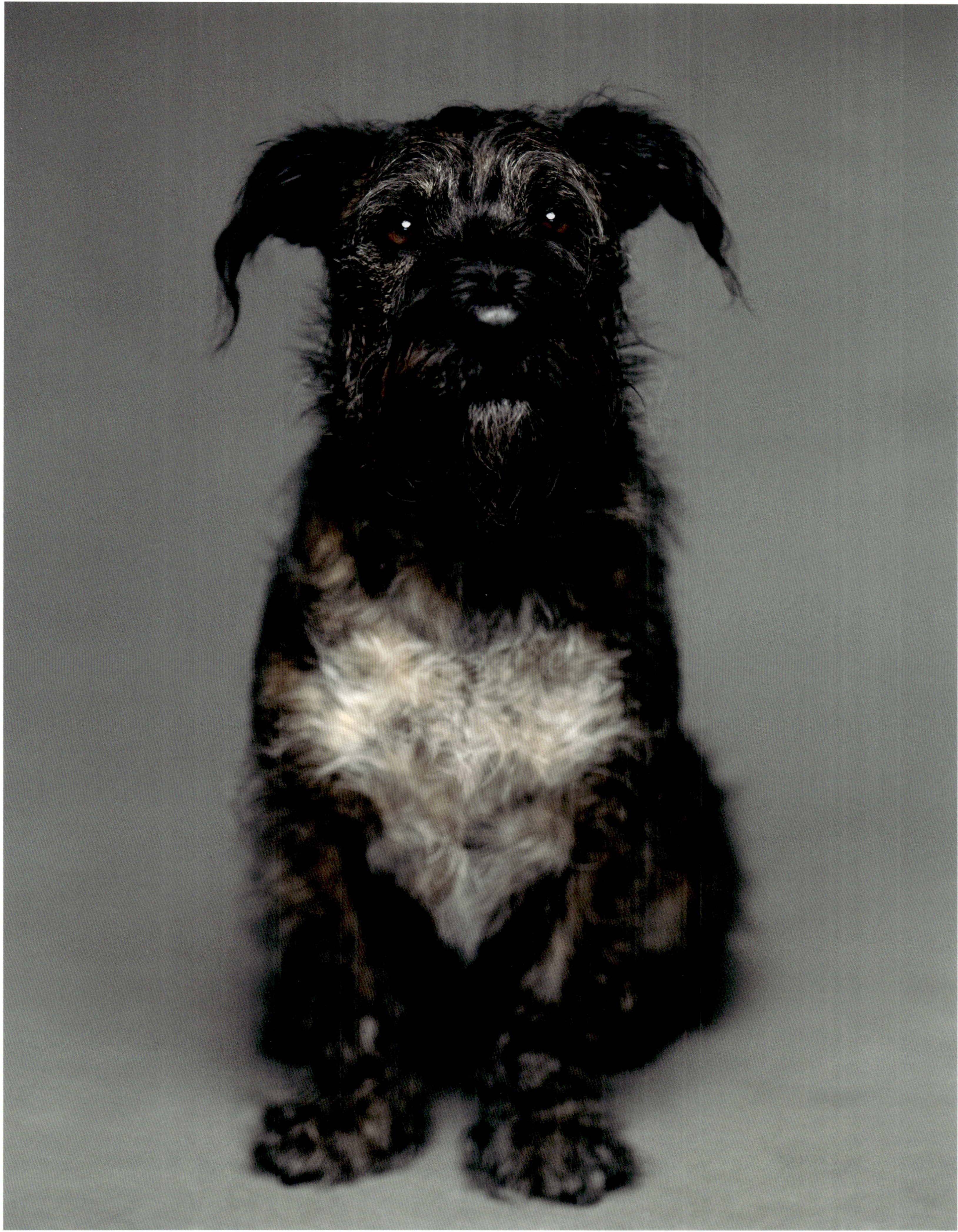

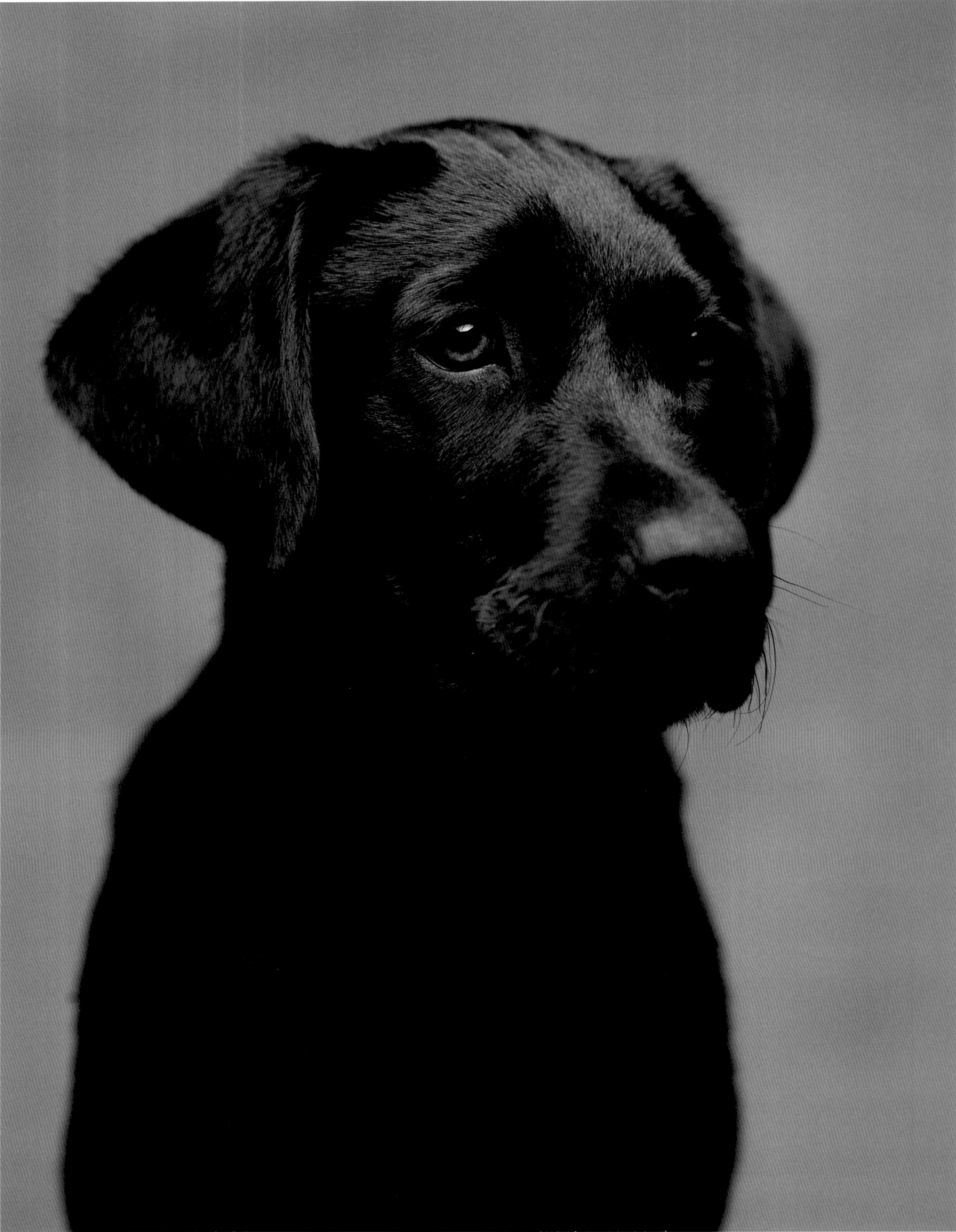

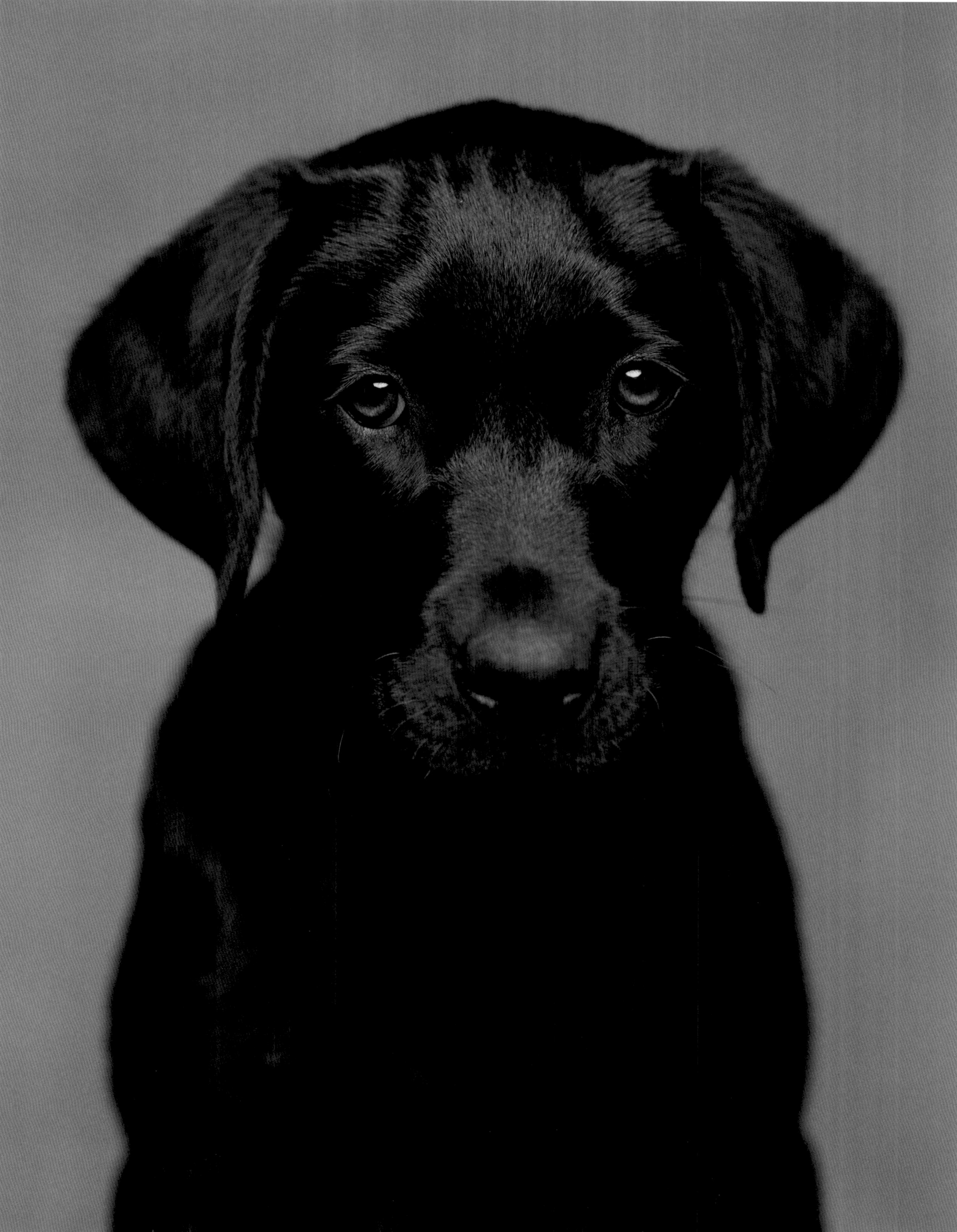

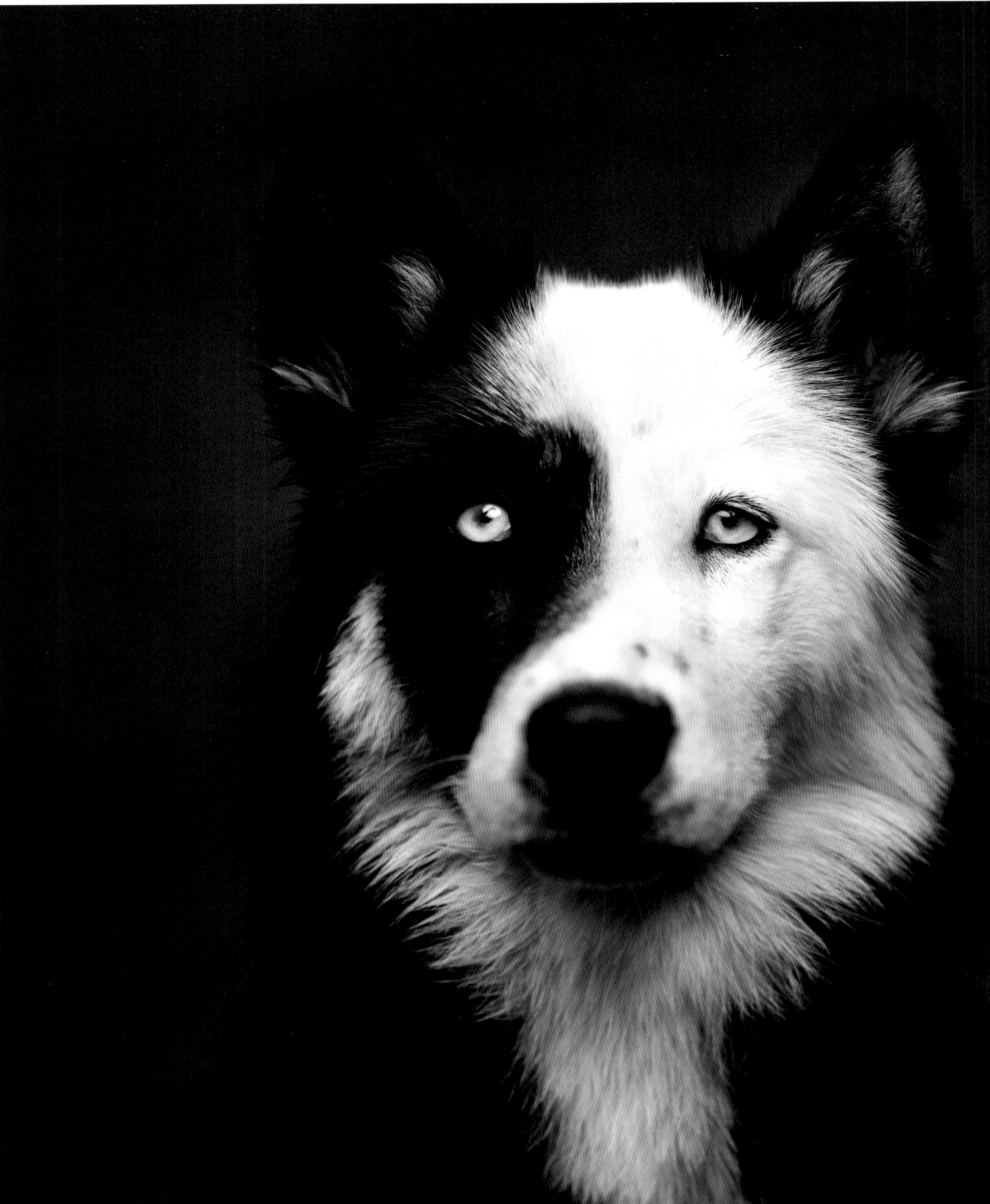

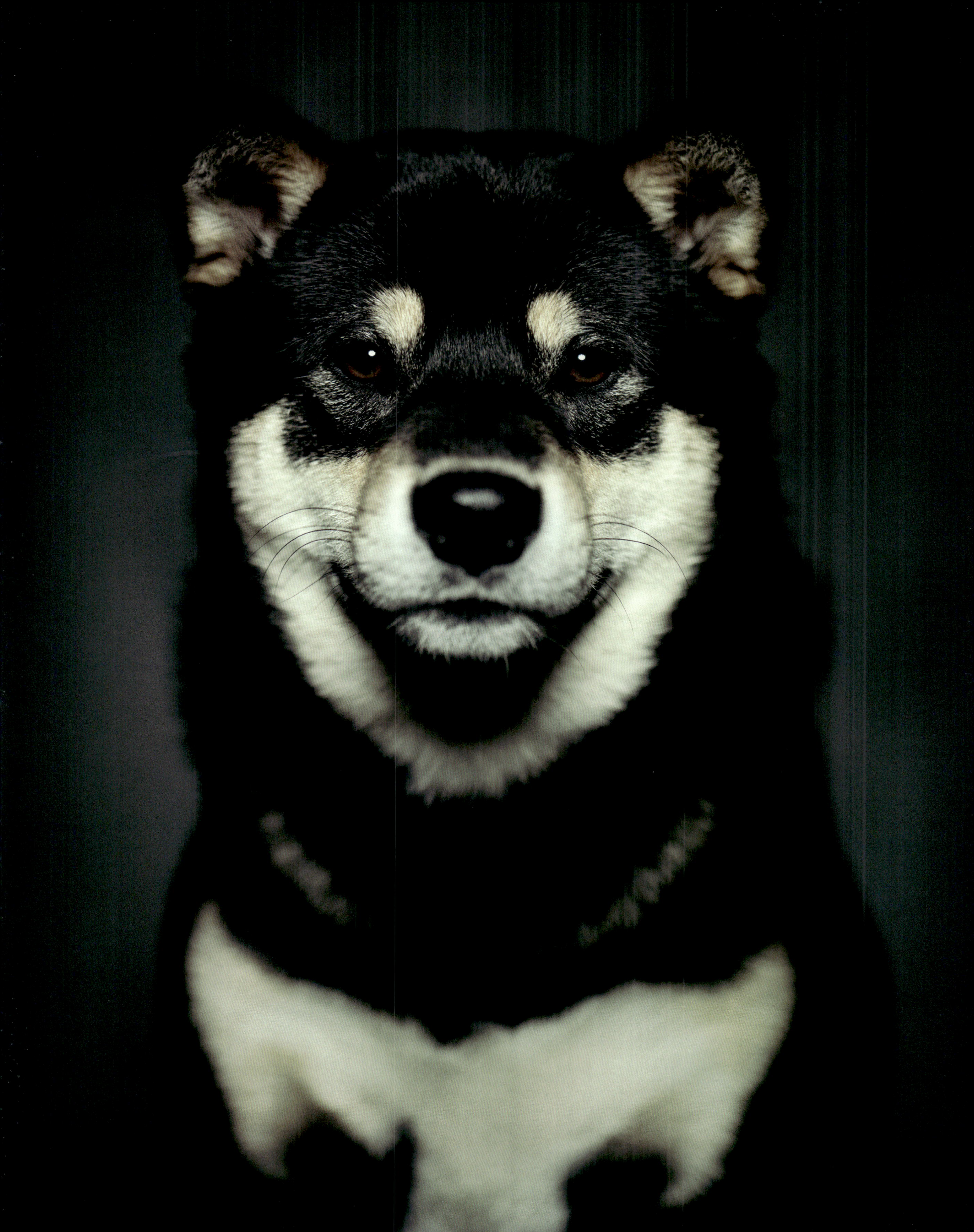

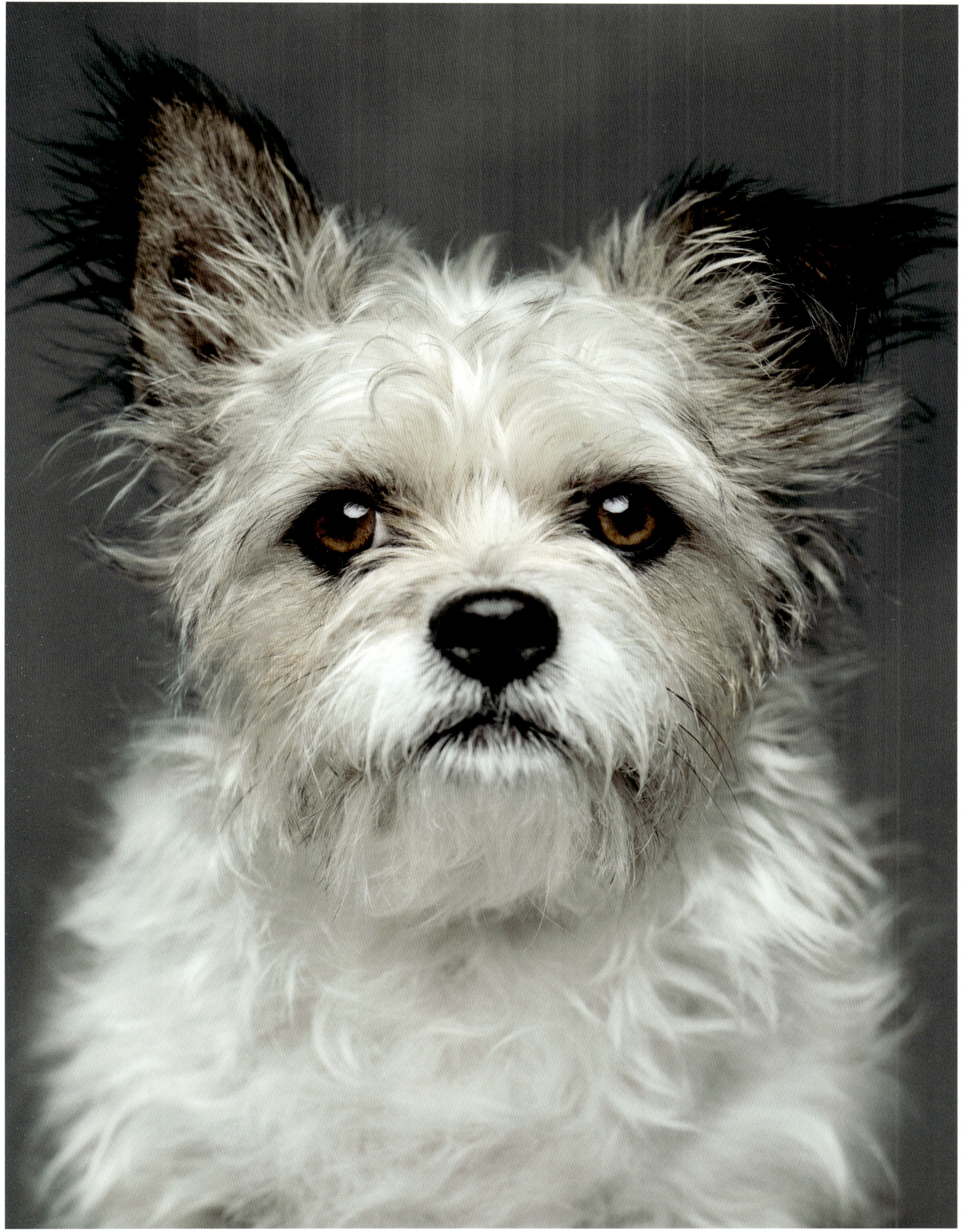

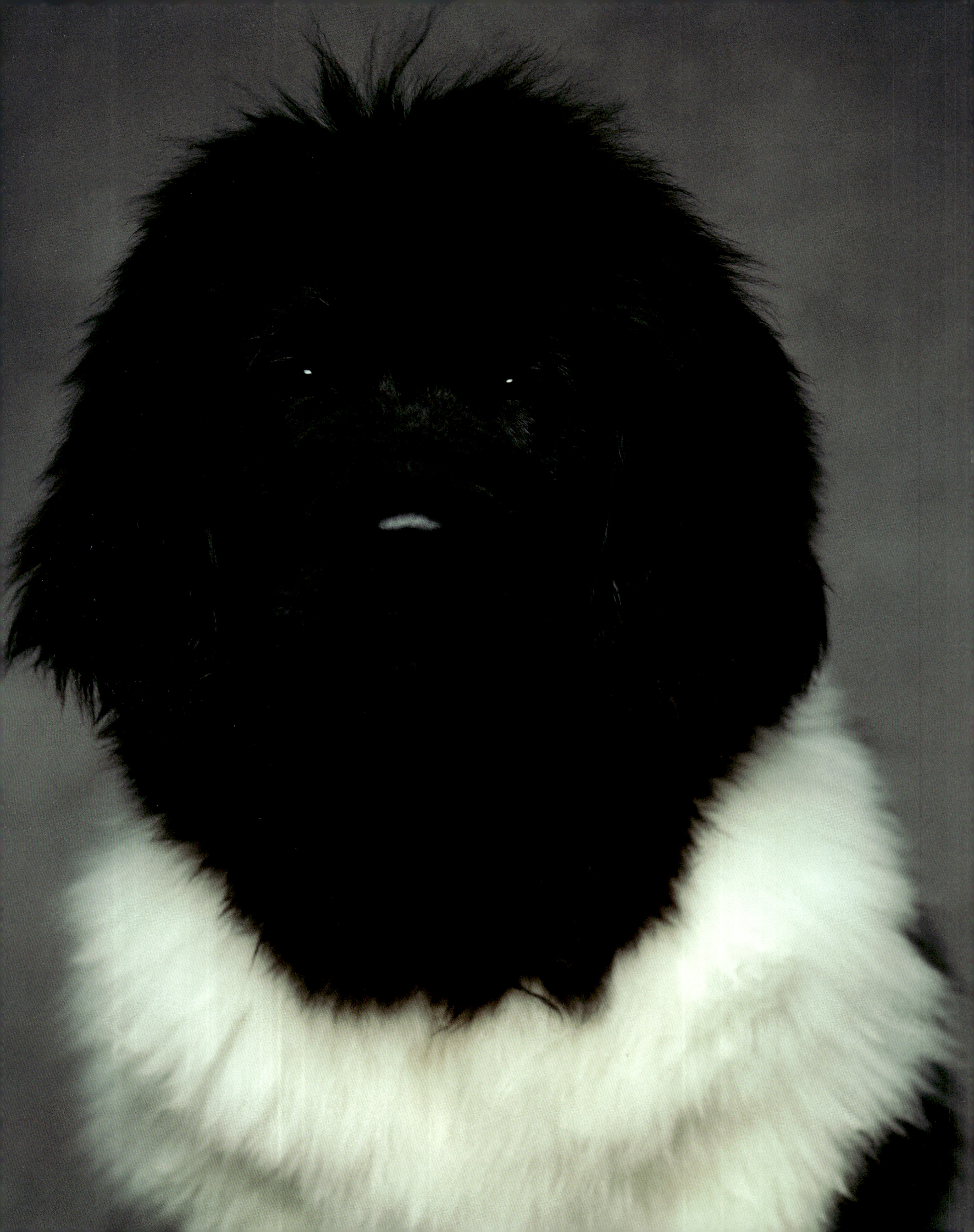

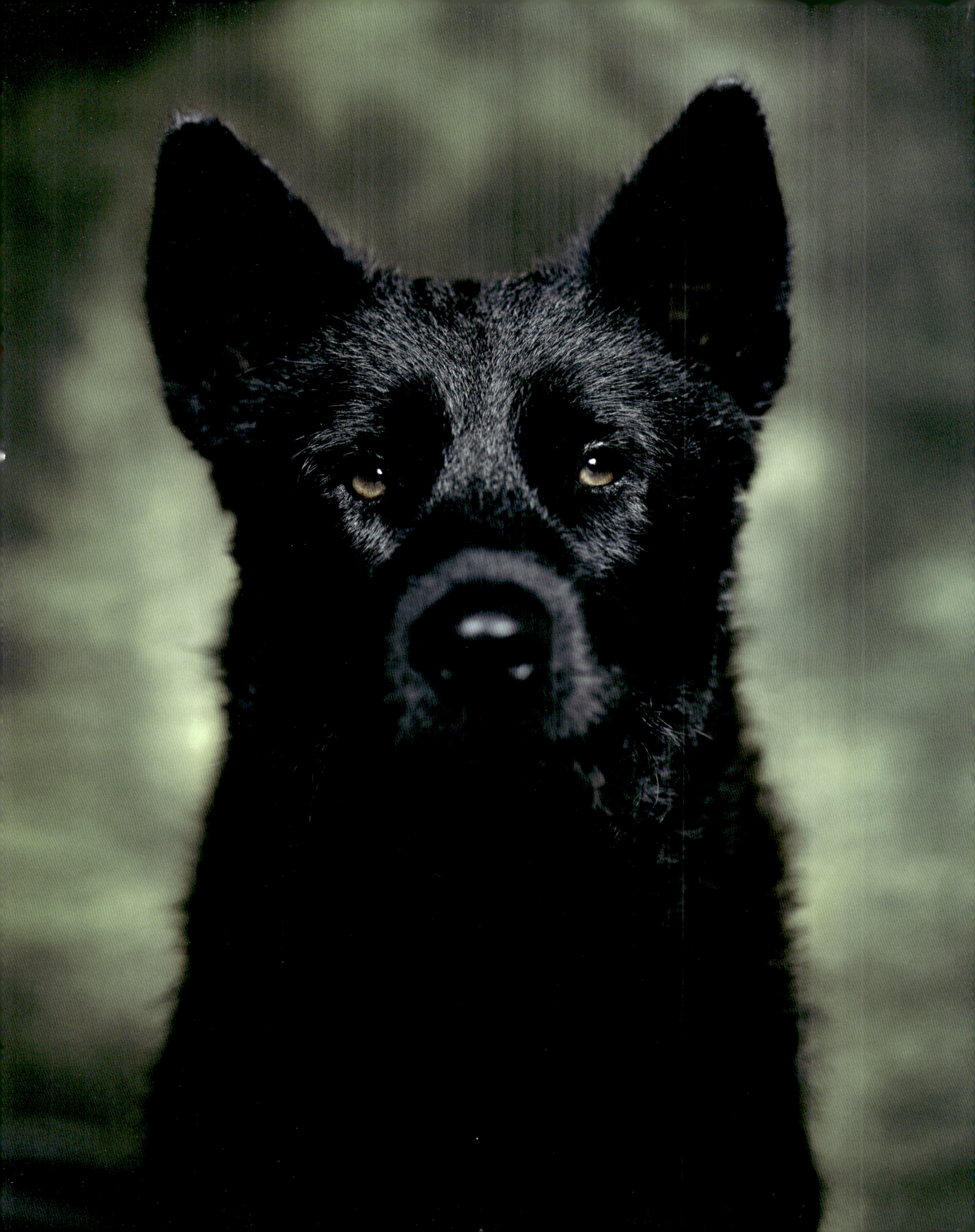

Biographies

Vincent Lagrange was born in Antwerp, Belgium, in 1988 as the son of Marc Lagrange, one of the world's most famous portrait and nude photographers. Growing up in his father's studio, he inherited his passion for portraiture and love of studio life. Through first-hand experiences of seeing techniques in action, he learned the creativity and skills required to turn dreams into reality.
His work aims to capture an animal's inner energy by building a relationship that's based on trust, kindness, and openness. Vincent has documented everything from dogs and cats to fish, turtles, birds, cheetahs, and many other species. Whether it's a beloved house pet, a rescue animal, or a protected creature in the wild, his work shows that every animal is worthy of respect.
The artistic vocabulary of Vincent's photography seeks to uncover animals' individual characters and unique personalities. His ongoing series, *The Human Animal Project*, seeks to raise awareness of animal causes, and inspire various projects and initiatives for charitable contributions to pet shelters and other worthy causes.

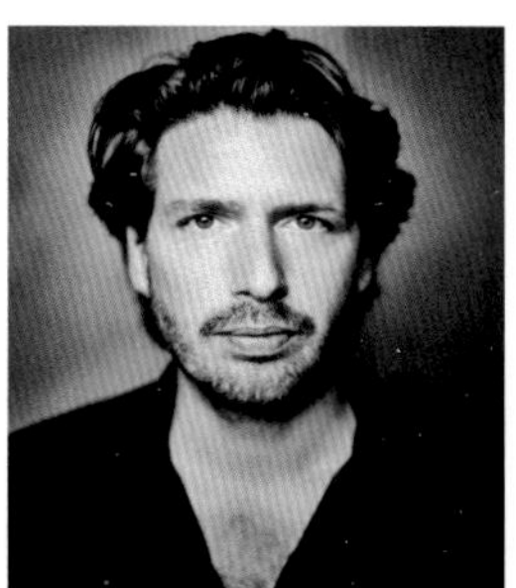
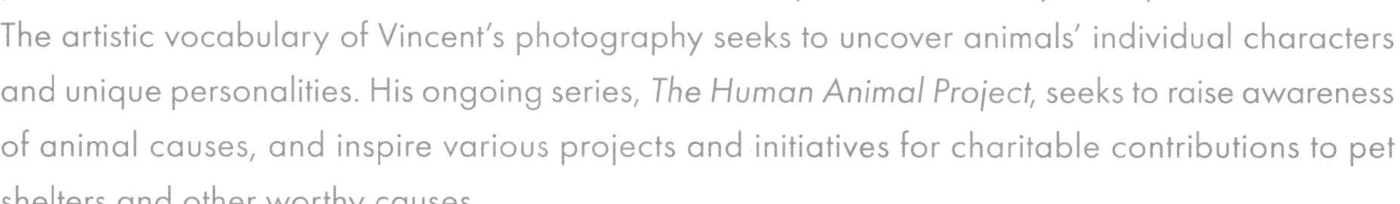

Vincent Lagrange kam 1988 im belgischen Antwerpen als Sohn von Marc Lagrange, einem der berühmtesten Porträt- und Aktfotografen unserer Zeit, zur Welt. Er wuchs quasi im Studio seines Vaters auf und erbte dessen Leidenschaft für Porträts und die Arbeit im Studio. Dadurch bekam er von Anfang an das nötige technische Rüstzeug mit auf den Weg, gleichzeitig aber auch die Kreativität und die Fertigkeiten, die nötig sind, um Träume Wirklichkeit werden zu lassen.
Mit seinen Arbeiten versucht Vincent Lagrange die innere Energie eines Tieres einzufangen, indem er eine auf Vertrauen, Freundlichkeit und Zugewandtheit basierende Beziehung zu ihm aufbaut. Er hat sich bereits mit vielerlei Tieren befasst, angefangen von Hunden und Katzen über Fische und Schildkröten bis hin zu Vögeln, Geparden und etlichen weiteren Arten. Ganz gleich, ob er sich einem geliebten Haustier, einem Heimtier oder einer geschützten Spezies in freier Wildbahn widmet, seine Arbeit zeigt, dass jedes Tier Respekt verdient.
Mit seinem künstlerischen Vokabular möchte Vincent den individuellen Charakter jedes Tieres und dessen einzigartige Persönlichkeit einfangen. Seine fortlaufende Bildserie *The Human Animal Project* zielt darauf ab, die Öffentlichkeit für die Belange der Tiere zu sensibilisieren und verschiedene Wohltätigkeitsprojekte sowie Initiativen für die Unterstützung von Tierheimen und anderen förderungswürdigen Einrichtungen anzustoßen.

www.finni.be

Jennifer S. Holland is the author of the *Unlikely Friendships* book series and a freelance contributor to *National Geographic* and other publications. She has a master's degree in conservation biology.

Jennifer S. Holland ist Autorin der Buchreihe *Ungleiche Freunde* und schreibt regelmäßig für *National Geographic* und andere Medien. Sie besitzt einen Master-Abschluss im Fach Naturschutzbiologie.

www.jenniferhollandwriter.com

First published in 2020 by
teNeues Media GmbH & Co. KG, Kempen

© 2021 teNeues Verlag GmbH

Second printing, revised

Photographs © 2020 Vincent Lagrange. All rights reserved.

Introduction by Jennifer S. Holland
Translation by Reinhard Ferstl
Design by Robert Kuhlendahl
Color separation by ORT Medienverbund
Production by Alwine Krebber

ISBN 978-3-96171-304-2

Library of Congress Number: 2020935972

Printed in Belgium by Graphius

Bibliographic information published by the Deutsche
Nationalbibliothek: The Deutsche Nationalbibliothek lists
this publication in the Deutsche Nationalbibliografie;
detailed bibliographic data are available on the Internet
at dnb.dnb.de.

Published by teNeues Publishing Group

teNeues Verlag GmbH
Werner-von-Siemens-Straße 1
86159 Augsburg, Germany

Düsseldorf Office
Waldenburger Straße 13
41564 Kaarst, Germany
e-mail: books@teneues.com

Augsburg/München Office
Werner-von-Siemens-Straße 1
86159 Augsburg, Germany
e-mail: books@teneues.com

Berlin Office
Lietzenburger Straße 53
10719 Berlin, Germany
e-mail: books@teneues.com

Press Department Stefan Becht
Phone: +49-152-2874-9508 /
+49-6321-97067-97
e-mail: sbecht@teneues.com

teNeues Publishing Company
350 Seventh Avenue, Suite 301
New York, NY 10001, USA
Phone: +1-212-627-9090
Fax: +1-212-627-9511

www.teneues.com

teNeues Publishing Group
Augsburg / München
Berlin
Düsseldorf
London
New York

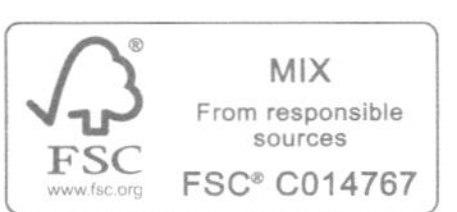